TESTIMONIA

Curriculare Reihe lateinischer und griechischer Texte
herausgegeben von Oberstudiendirektor a. D. Dr. Wilhelm Fiedler

MARCUS TULLIUS CICERO

REDEN GEGEN CATILINA

ERSTE REDE
ZWEITE REDE (IN AUSZÜGEN)

Einführung, Übersetzungshilfen, Begleittexte
und lernzielorientierter Aufgabenteil
herausgegeben von Manfred Firnkes

Übersetzungshilfen und lernzielorientierter Aufgabenteil

Bayerische Verlagsanstalt Bamberg

Umschlagbild: Spätrepublikanischer Terrakottakopf: Cicero
München, Staatliche Antikensammlungen und Glyptothek

Für
Heide, Susanne, Stephanie

1985, Bayerische Verlagsanstalt GmbH, Bamberg
Umschlaggestaltung Erna Lautenbacher
Bildnachweis: S. 13, 31: Archiv des DAMALS-Verlags, Gießen
Restliche Bilder: Verlagsarchiv
Gesamtherstellung: SOV Graphische Betriebe, Bamberg
ISSN 0723-4171
Textband ISBN 3-87052-186-4
Kommentarband ISBN 3-87052-187-2
Lehrerheft ISBN 3-87052-190-2

Inhaltsverzeichnis

Verwendete Abkürzungen

(vgl. Textband, Vorwort und Benutzungshinweise S. 7):

Ü = Übersetzungshilfen
S = Sprachreflexion
T = Textreflexion
RR = Res Romanae
RÖ = Die Römer
EV = Eigennamenverzeichnis

1. Ciceros erste Rede gegen Catilina im Senat

1 Ü **quo usque** = usque quo – **quo** (vgl. quem ad finem in Satz 3) gibt als Adverb nicht die zeitliche Dauer („wie lange") sondern die räumliche und dann psychische Grenze der Ertragbarkeit an: „bis zu welchem Punkt" – **ab-ut-e-re**(-ris) – **e-ludere** ~ illudere, ir-ridere – **ef-frenatus,a,um** (zu frenum,i Zügel) zügellos – **Palatium,i** der Palatin (-ische Hügel) vgl. Karte S. 25 – **boni** als politisches Schlagwort: Patrioten, Anhänger der bestehenden (aristokratischen) Staatsform im Gegensatz zu den **improbi** -**munitissimus locus:** der Ort der Senatssitzung, der Tempel des Iuppiter Stator am Abhang des Palatin (vgl. Karte 25, 28–29), war stark gesichert durch **vigiliae** und zuhörende Bürger (vgl. § 21) – **senatum habere** eine Sitzung des Senates halten – **con-stringere** (strikt, Di-strikt) zusammenschnüren, fesseln – **constrictum teneri** unter voller Kontrolle stehen – **proxima nox** letzte Nacht – **superior nox (prior nox)** vorletzte Nacht.

S
1. Bestimmen Sie folgende Verbformen: **abutĕris-abutēris – abutere-abuterer,** und klären Sie aus dem Kontext, ob in der Form **abutere** (-ris) „e" kurz oder lang ist!
2. Liegt in den Verbformen **egeris, fueris, convocaveris, ceperis** Konjunktiv Perfekt Aktiv oder Indikativ Futur II Aktiv vor?
3. Bestimmen Sie folgende Ablative: **patientia nostra – horum.. scientia – proxima, superiore nocte!**
4. Der § 1 besteht nur aus rhetorischen Fragen. Bestimmen Sie die Arten der Fragesätze! Welche Auffälligkeit liegt in folgenden Fragesätzen vor, und welche Erklärung gibt es dafür: **patere.. non sentis? constrictam.. teneri coniurationem.. non vides?**
5. Analysieren Sie nach einer geläufigen Methode die syntaktische Struktur der Sätze des § 1!

T
1. Lesen Sie den Abschnitt der Einführung zur Geschichte und Theorie der Rhetorik (Textband 1.2.1, S. 14–17) und stellen Sie anschließend in einer tabellarischen Übersicht zusammen:
   1. Die Arten einer Rede **(genera orationis)**
   2. Die Teile einer Rede **(partes orationis)**
   3. Die Arbeitsgänge eines Redners **(officia oratoris)**
   4. Die Stilarten **(genera elocutionis)**

   Ist die Rede Ciceros dem **genus deliberativum,** dem **genus iudiciale** oder dem **genus demonstrativum/laudativum** zuzuweisen?
2. Welche Aufgaben fallen der Einleitung einer Rede (lat. Fachausdruck?) zu, und welche konkreten Angaben über Personen (Redner-Angeredete), Ort, Zeit und Handlung lassen sich § 1 entnehmen?
3. Die beiden wichtigsten Grundabsichten der sprachlichen Kommunikation sind „Information" und „Appell". Charakterisieren Sie, ausgehend von der lateinischen Grundbedeutung beider Substantiva, ihr „Wesen" und die daraus resultierende „sprachliche Darstellungsweise" und ordnen Sie die Sätze des § 1 entsprechend zu!
4. Suchen Sie im § 1 folgende Stilmittel auf: Alliteration, Anapher, Asyndeton, Hyperbaton, Homoioteleuton, rhetorische Frage, Klimax (vgl. Textband Einführung 1.2.2 Der Redeschmuck: Die rhetorischen Stilmittel) und

überlegen Sie, worin ihre Aufgabe innerhalb des kommunikativen Kontextes liegt!

5. Stellen Sie zusammen, welche Form des Sprecher-Hörerbezuges Cicero wählt, durch welche Antithesen die beteiligten Personen (Cicero-Senatoren-Catilina) charakterisiert werden und wie die dafür verwendeten lateinischen Schlüsselbegriffe heißen!

2 Ü **immo vero** hier: viel schlimmer noch – **publicum consilium** öffentliche Ratssitzung – **videmur** „glauben noch" – **tela** hier: Anschläge – **oportebat:** im Dt. Konjunktiv – **ad mortem ducere:** (nämlich nach einem ordentlichen Gerichtsverfahren) ~ supplicium sumere de . . – **machinari** (griech., machina, ae (Belagerungs-)Maschine, Anschlag) ausklügeln, im Schild führen.

3 Ü **an vero. Scipio . .** interfecit: . . nos. perferemus: 2. Teil einer Doppelfrage ohne Ausführung des 1. Teils; im Dt. Hypotaxe: wenn Scipio . . werden wir (oder Parataxe: es hat doch wohl Scipio . . und da sollten wir) – **amplus,a,um** ~ honestus, illustris – **labefactare** (zu labi, facere) ins Wanken bringen; Partizip mit konzessivem Sinn – **illa** (exempla) – **ut** (erklärend, explikativ) daß nämlich – **senatūs consultum** (ultimum = SCU) vom 21. 10. 63 – **non deest** (ergo) **rei publicae** (Dativ) – **consilium** hier: Entschlußkraft – **auctoritas** (senatūs) Senatsgutachten – **ordinis** (senatorii) ~ senatūs.

S

1. **unumquemque nostrum:** Bestimmen Sie den Kasus von **nostrum** und erklären Sie den Unterschied im Gebrauch von **nostrum, vestrum, nostri, vestri, nostrorum, vestrorum!**
2. **oportebat:** Der lateinische Indikativ wird im Dt. durch Konjunktiv wiedergegeben. Wie erklärt sich dieser abweichende Sprachgebrauch und für welche weiteren Verben und Ausdrücke gilt er? Wiederholen Sie dazu den Indikativ unter dem Stichwort „Modi in unabhängigen Sätzen" in Ihrer Grammatik!
3. **illa praetereo, quod:** Stellen Sie anhand des Wortverzeichnisses der Grammatik oder mit Hilfe eines lat.-dt. Lexikons die Bedeutungen von **quod** zusammen!

T

1. In welcher Form spricht Cicero in diesen §§ von sich? Vergleichen Sie damit § 1 und deuten Sie den Wechsel!
2. Weisen Sie nach, daß die allgemeinen Schlüsselbegriffe für das Verhalten Ciceros, des Senats und Catilinas von § 1 im § 2 noch genauer entfaltet und chiastisch gegenübergestellt werden!
3. Ende § 2 und 3 weist Cicero auf das Versagen der Staatsinstitutionen hin.

3.1 Worin unterscheiden sich die Aussagen des jeweils letzten Satzes von § 2 und 3?

3.2 Welche Wirkung soll die Selbstanklage bei den Senatoren und bei Catilina hervorrufen?

3.3 Mit welchen lateinischen Verben drückt Cicero das Dilemma zwischen erkannter Notwendigkeit und der Wirklichkeit im Verhalten gegenüber Catilina aus?

4. Warum greift Cicero trotz des **SCU (senatus consultum ultimum)** nicht zum Mittel der Todesstrafe? Informieren Sie sich über Wortlaut eines **SCU**, über die Kompetenzen eines Konsuls und das „Provokationsrecht" in RR 11, 19, 21, RÖ 65, 66, 572–574!

5. Zu Beginn von § 3 stellt Cicero seiner zurückhaltenden Behandlung Catilinas zwei historische Beispiele gegenüber: Erklären Sie mit Hilfe des Eigennamenverzeichnisses (= EV) die Funktion dieser Exempla!
6. Ordnen Sie entsprechenden Textstellen folgende rhetorischen Stilmittel zu und erklären Sie deren Funktion: Anadiplosis, Correctio, Chiasmus, Antithese, Asyndeton, Hyperbel, Ironie, Praeteritio, Litotes (vgl. Einführung 1.2.2.)!

4 Ü **uti** = ut – **videre** ~ pro-videre – vor **interfectus est** ergänze im Dt. „da" – **suspiciones . .** – momente – **ac** rei publicae (ac erklärend, explikativ) und zwar – **alqd alqm re-moratur** (zu mora, ae) etwas läßt bei jem. auf sich warten – **acies auctoritatis** scharfe Waffe des Senatsgutachtens – **tabulae, arum** Archiv – **vagina,ae** Schwertscheide – **re-condere** verwahren – **convēnit** ~ oportuit: im Dt. Konjunktiv – **vivis et** (et: erklärend, explikativ) und zwar – **dissolutus,a,um** (zu dis-solvere) gleichgültig, fahrlässig – **nequitia,ae** (zu nequam, undekl. nichtsnutzig) Nichtsnutzigkeit, Fahrlässigkeit – **condemno:** im Dt. phraseologisch.

S

1. Bestimmen Sie folgende Genitive: **quid detrimenti, seditionum suspiciones, rei publicae poena, eiusmodi senatus consultum, me inertiae nequitiaeque condemno!**
2. Welche Ablative liegen vor: **clarissimo patre, avo, maioribus, simili senatus consulto?**
3. Welche verschiedenen Infinitivkonstruktionen sind nach **cupere** (und **velle, nolle, malle**) möglich? Warum ist die von Cicero verwendete Konstruktion **cupio . . me esse clementem** auffällig?
4. **convenit** (~ oportuit): Wiederholen Sie in der Grammatik die Verba impersonalia!
5. **Quo ex senatus consulto . . convenit:** Inwiefern ist die Zeitwahl **„interfectum esse"** auffällig?

T

1. **consul-consularis-proconsul:** Erklären Sie den Bedeutungsunterschied!
2. C. Gracchus und L. Saturninus waren Volkstribunen.
2.1 Informieren Sie sich über ihre Stellung in RR 29, RÖ 25–26, 248–250 und im EV!
2.2 Welche innerstaatlichen Probleme führten zu ihrem Zusammenstoß mit der Nobilität?
2.3 Definieren Sie die Begriffe „Optimaten", „Popularen"!
2.4 Welche Funktion erfüllt in der Rede der Rückgriff Ciceros auf die historischen Beispiele sowohl in § 3 wie in § 4? Wodurch unterscheiden sich die Exempla der älteren (§ 3) von denen der jüngeren römischen Geschichte (§ 4)?
3. Wie am Ende § 2 und 3 weist Cicero auch Ende § 4 auf das Versagen der Staatsinstitutionen hin.
3.1 Worin sehen Sie den Unterschied der drei Aussagen?
3.2 Wen macht Cicero für die bisherige, unbefriedigende Situation verantwortlich?
4. In welchen lateinischen Begriffen setzen sich die antithetischen Schlüsselbegriffe der §§ 1,2,3 für das Verhalten und den Charakter Ciceros, Catilinas und des Senates fort? In welchem Zwiespalt von Sollen und Sein wird Catilinas Existenz gesehen?

5. Mit welchen rhetorischen Mitteln arbeitet Cicero im § 4? An welchen Stellen wählt Cicero eine „informative" Redeweise (die mit der Darstellung objektiver Tatbestände auf die Vernunft des Hörers zielt), wo zieht er die „appellative" Redeweise (die durch Appelle an das Gefühl des Hörers der Meinungssteuerung dient) vor?

5 Ü **in Etruriae faucibus:** gemeint ist Faesulae (heute Fiesole bei Florenz) – **in dies singulos** ~ in dies – **atque adeo** und sogar – **videtis . . molientem:** der Akk. mit Partizip (AcP) betont gegenüber dem AcI (Erfahren einer Tatsache) die unmittelbare Wahrnehmung – **iam** „augenblicklich" – **si** (te) **interfici** – **credo:** in Parenthese gesetzt – **boni** (vgl. § 1) Patrioten, Anhänger des Staates – **non potius** weniger – **ordne** und ergänze: ne non potius omnes boni (dicant) hoc serius a me (factum esse) quam (potius) quisquam (improbus, perditus) dicat (hoc) crudelius (a me) factum esse – **oportuit:** im Dt. Konjunktiv – **ordne:** verum (~ sed) certa de causa nondum (nunc) ego adducor, ut hoc faciam, quod . . – **interficiere**(-ris) – **iam nemo** niemand mehr.

6 a Ü **ob-sessus,a,um** (zu ob-sidēre) ~ circumclusus, circumdatus – **te . . non sentientem** ohne daß . . . – **speculari** (spec-, spic-, spekulieren, „spicken") beobachten – **custodire** (zu **aures**) belauschen.

S

1. Erklären Sie die Funktion des Pleonasmus und suchen Sie ein Beispiel im Text (Vgl. Einführung 1.2.2.2 Figuren)!
2. Erklären Sie den Unterschied im Gebrauch von **aliquis** und **quisquam!** Prüfen Sie, ob in beiden Textstellen **ne . . quisquam . . dicat** und **quamdiu quisquam erit** das Indefinitpronomen zu Recht steht!
3. Erklären Sie den Konjunktiv in folgenden Relativsätzen: **qui id . . fateatur; qui te defendere audeat!**
4. Stellen Sie mit Hilfe Ihrer Grammatik (Stichwort „Abhängige Begehrsätze") die Verbgruppen zusammen, nach denen **ne** im Dt. mit „daß" übersetzt wird!
5. Beschreiben Sie den Bedeutungsinhalt folgender lateinischer Verben des Wortfeldes „sehen, erblicken, betrachten" **animadvertere, aspicere, cernere, contemplari, spectare, speculari, videre!**

T

1. Inwiefern ist der § 5 a eine Erklärung des letzten Satzes von § 4?
2. Welche lateinischen Begriffe verwendet Cicero für Catilina und seine Anhänger und deren Gegner?
3. Stellen Sie zusammen, welche Maßnahmen Catilina bislang getroffen hat. Unter welcher Art von Staatsverbrechen kann man sein Tun einordnen? Welche konkreten Gegenmaßnahmen ergreift der Staat? Glauben Sie, daß sie ausreichen, um sich Catilina gegenüber zu behaupten?
4. Welche Gründe bringt der höchste Staatsbeamte für die Zurückhaltung gegenüber Catilina vor? Sind sie annehmbar?
5. Die §§ 1–6 a bilden das Exordium der Rede. Von welchen Antithesen, welcher Zielsetzung und möglichen Beweisführung ist es geprägt?
6. Jede politische Rede will überzeugen oder überreden. Das bedingt den Wechsel von „Information" (Funktionssprache, Sachbezogenheit) und „Appell" (Meinungssprache, Emotionalität). Welche Stellen des **exordium** weisen Sie der Information zu, welche dem Appell?

6 b Ü **etenim** (deine Lage ist aussichtslos, Catilina) denn – **quid est, quod** (Konjunktiv) welchen Grund gibt es, daß – **iam amplius** noch darüber hinaus – **exspectare:** absolut (ohne Objekt) gebraucht – **licet**(ut)**recognoscas** – **licet** „bitte“ (gemilderte Aufforderung).

7 Ü **meministine me . . dicere** (nicht dixisse) hast du damals in deine Erinnerung aufgenommen, daß ich . . sagte – **satelles, itis** (Satellit) Gefolgsmann – **a d - minister!** – **idem:** zu ego gehörig – **in(diem)ante diem:** Zusammentreffen zweier Präpositionen, da ante diem Datumsangabe – **re-primere** (zu premere) – **infitiari** leugnen – **nostrā . . qui:** das Relativpronomen ist auf ein in nostra . . caede liegendes nobis bezogen.

8 a Ü **quid**(est) wie steht's, weiter – **Praeneste:** das heutige Palestrina bei Rom (Karte S. 33) – **impetus,us** hier: Handstreich – **sensistin** = sensistine.

S

1. Bestimmen Sie folgende Ablative: **tenebris obscurare, parietibus continere, luce clariora consilia, certo die, multo magis, Roma, meis praesidiis, meo iussu!**
2. **cum multi . . profugerunt; cum tu . . dicebas:** Stellen Sie fest, welche Arten von **cum** vorliegen!
3. **sui conservandi causa:** Worin liegt der Unterschied im Gebrauch von **causa** (Genitiv) und **propter** (Akkusativ)?
4. Verwandeln Sie folgende Gerundivkonstruktion in die entsprechende Gerundiumkonstruktion: . . . **studiosi erant consiliorum Catilinae reprimendorum!**
5. **praesidia – custodiae – vigiliae:** Klären Sie mit Hilfe der Wortkunde oder des Lexikons den Unterschied in der Bedeutung dieser Substantiva!
6. Analysieren Sie nach einer geläufigen Methode den Satz **num infitiari . . contentum te esse dicebas!**

T

1. Lösen Sie mit Hilfe der Grammatik (Stichwort Kalender) die Datumsangaben des Textes und beziehen Sie das Datum des SCU (§ 4) mit ein!
2. Suchen Sie im Text folgende Stilmittel und bestimmen Sie ihre Funktion (vgl. 1.2.2.2 Figuren): asyndetisches Trikolon mit Homoioteleuton, asyndetisches Trikolon mit Anapher, Parallelismus, Hyperbaton, Alliteration!
3. Welche Gründe sprechen für einen deutlichen Rückbezug der §§ 6 b–8 a auf das Exordium (§§ 1–6 a)?
4. Gliedern Sie diesen Textabschnitt:

4.1 Nach welcher Methode geht Cicero vor: vom Wichtigen zum Unwichtigen, vom Besonderen zum Allgemeinen, vom Unbekannten zum Bekannten, vom Abstrakten zum Persönlichen?

4.2 Wie sehen die Planungen Catilinas und die Gegenmaßnahmen des Staates aus?

4.3 Verfolgen Sie in den §§ 7–8 a den Wechsel der Personen anhand der Pronomina. Wer dominiert?

8 b Ü **recognosce:** deutlicher Rückverweis auf § 6 Ende und Vorverweis auf iam intelleges – **nox superior(prior)** vorletzte Nacht – **inter falcarios** (zu falx, cis Sichel, Sense) Angabe der Straße: in die Schmiedsgasse – **eodem:** im Dt. Kasuswechsel beim Ortsverhältnis – **quosdam** (senatores).

9 Ü **ubi-nam gentium** wo denn nur in aller Welt – **in qua** ~ in quali – **quam rem publicam** ~ qualem rem publicam – **de nostro omnium interitu:** im Dt. gleiche Wortfolge – **atque adeo** oder vielmehr – **sententiam rogare** (senatores) de re publica hier: über die staatsnotwendigen Abwehrmaßnahmen um die Meinung fragen – **trucidare** niederstechen – **oportebat:** im Dt. Konjunktiv – **nondum voce vulnero:** da Cicero sie nicht nennen will – (tibi) **placeret:** mit AcI – **confirma**(vi)**sti** – **ordne:** et illa ipsa pollicerentur se nocte . . .

10 a Ü **vixdum etiam** eben erst – **ad me salutatum** (Supin) ~ ut me salutarent – **ordne:** quos . . venturos esse ego iam multis ac summis viris praedixeram.

S

1. **qui de . . . exitio cogitent; qui . . . cura liberarent et . . . pollicerentur:** Erklären Sie den Konjunktiv in den Relativsätzen!
2. . . **quos ferro trucidari oportebat; statuisti, quo quemque proficisci placeret; . . . quos ego venturos esse praedixeram:** Wiederholen Sie in der Grammatik die „verschränkten Relativsätze"! Welche Übersetzungsmöglichkeiten bieten sich im Deutschen an?
3. Bestimmen Sie folgende Genitive: **perniciem rei publicae, eiusdem amentiae scelerisque socios, ubinam gentium, paulum morae, id temporis!**
4. Welche Ablative liegen vor: **multo acrius, priore nocte, ferro trucidare, voce vulnerare, ista cura liberare, paulo ante lucem, coetu dimisso, maioribus praesidiis?**

T

1. Welche Rechtsperson verträte Cicero in unserer Rechtsprechung? Wie würde man in einer heutigen Gerichtsverhandlung das **recognoscere** bezeichnen? Mit welchen Mitteln versucht also Cicero, Catilina zum Weggang aus Rom zu bewegen?
2. Welche weiteren Angaben reiht Cicero den vorausgegangenen Beweisen (§§ 6 b–8 a) an?
3. Inwiefern bedeuten die Aussagen Ciceros in diesem Abschnitt eine Steigerung gegenüber den Aussagen in den §§ 6 b–8 a?
   Welche Funktion hat der Gedankenablauf in § 9 a? Sprengt er nicht den logischen Zusammenhang?
4. Glauben Sie, daß Ciceros Ausführungen auf Catilina Eindruck machen?

10 b Ü **quo** (proficisci) **coepisti** – **aliquando** endlich einmal – **Manliana castra** (vgl. § 5): das Lager in Faesulae unter dem Kommando des Manlius – **si minus** (omnes) ~ si non (!) – (dum)**modo.**

11 Ü **atque** (imprimis) – **huic Iovi:** gemeint ist das Kultbild des Iuppiter Stator, in dessen Tempel die Sitzung stattfindet – **pestis,is** (metonymisch für Catilina) Scheusal, Unruhestifter – **periclitari** (zu peric(u)lum) aufs Spiel setzen, gefährden – **in uno:** gemeint ist Cicero, wie die folgenden Ausführungen zeigen – **quamdiu**(enim) – (tamdiu) **non publico . .** – **proxima comitia consularia** die jüngsten Konsulwahlen – **in campo** (Martio) – **com-petitor, oris** (zu petere consulatum) – **nullo . . . concitato:** modaler Sinn – **peti**(vi)**sti:** in feindlicher Absicht.

S

1. **Sta-tor; competi-tor:** Erklären Sie die Bedeutung des Suffixes **-tor** und erschließen Sie das entsprechende Substantiv aus folgenden Verben: **cen-**

sere, conservare, dictare, imperare, moderari, praeire, orare, vincere, pasci!

2. Bestimmen Sie folgende Ablative: **metu liberabis, non praesidio .. sed diligentia, proximis comitiis, nullo tumultu .. concitato!**
3. Unterscheiden Sie anhand der Grammatik in Bedeutung und Modus: **cum relativum** (temporale), **cum iterativum, cum inversivum, cum explicativum** (coincidens), **cum historicum, cum adversativum, cum causale, cum concessivum!**
4. Welche Bedeutungen von **cum** liegen vor: **quae cum ita sint; tecum; cum .. voluisti; cum magna calamitate.** Erklären Sie die Bedeutung des Suffixes – **cumque** in **quotienscumque!**
5. **compressi conatus tuos .. nullo tumultu .. concitato:**

5.1. Welche Auflösungsmöglichkeiten bieten sich im Deutschen für diese Partizipkonstruktion an?

5.2. Welche der folgenden Sinnrichtungen ist bei der Auflösung der Partizipkonstruktion mit einem konjunktionalen Neben(Glied-)satz grundsätzlich nicht anwendbar: die modale, finale, kausale, konzessive, temporale oder konditionale?

5.3. Übersetzen Sie folgende Partizipien zunächst wörtlich, dann mit einem Präpositionalausdruck: **ratus, arbitratus, confisus, fretus, usus, veritus.** Welches Zeitverhältnis geben sie an?

T

1. **quae cum ita sint** leitet als Formel entweder die peroratio (welchen Teil der Rede?) ein oder zieht die Schlußfolgerung aus Vorhergehendem. Die §§ 6 b–10 bilden folglich den ersten Punkt des Hauptteils (lat. Terminus?). Vollziehen Sie einen 3teiligen Aufbau nach und entscheiden Sie, ob Cicero der Information oder dem Appell den Vorzug gibt!
2. Vergleichen Sie den Schluß der Einleitung (§ 6 a) mit dem Schluß des 1. Hauptteilpunktes (§ 10 b): Worin sehen Sie den formalen und inhaltlichen Unterschied der Aussagen?
3. Warum kann und will Cicero die Todesstrafe an Catilina nicht sofort vollziehen? Welche Alternative steuert er an? Ist aufgrund des Textes an Zwang oder Freiwilligkeit dieser Alternative gedacht? Kann Cicero Ende § 10 überhaupt mit Aussicht auf Erfolg in seiner Lösung des „Falles“ Catilina rechnen?
4. **„Non est** (ergo) **saepius in uno homine summa salus periclitanda rei publicae“** (§ 11). Welche Auffassung Ciceros von seinem Amt und vom Staat spricht aus diesem Satz? Welche andere Textstelle dieses § belegt diese Auffassung Ciceros? Nehmen Sie aus der Sicht Ciceros wie seiner Gegner dazu Stellung (vgl. Sie dazu die Zusatztexte Textband S. 48–56)!
5. **comitia, consularis, consul designatus:** Informieren Sie sich in RÖ 61 und RR 13, 20–21!

12 Ü **nunc** (autem) – **vastitas, atis** (zu vastare) – **quod est primum** was eigentlich die erste Maßnahme sein müßte – **imperium** die Amtsgewalt des Konsuls über Leben und Tod eines jeden röm. Bürgers, um das SCU erweitert – **disciplina** ~ mos – **ad severitatem** hinsichtlich der **severitas** (zu severus,a,um) – **re-sidēre** ~ **re-manere** – **quod** (adv. Akkusativ) wozu – **sentina,ae** Kielwasser, Auswurf, Abschaum.

13 a Ü **dubitare:** mit Infinitiv! – **faciebas:** Imperfectum de conatu – **iam** noch.

S 1. **vasti-tas; severi-tas; vasti-tudo; severi-tudo:** An welche Stämme treten die Suffixe **-tas** und **-tudo?** Erklären Sie ihre Bedeutung!
2. **immortalis,e:** Welche Bedeutung haben bei Adjektiven folgende Suffixe: **-(a)lis; -(a)ris; -elis; -ilis?** Erklären Sie **naturalis, aequalis, capitalis, familiaris, popularis, crudelis, fidelis, civilis, hostilis!**
3. **num dubitas?; interrogas me, num in exsilium:** Welche Bedeutung hat **num** im HS und im NS?
4. Analysieren Sie nach einer geläufigen Methode folgende Sätze: **Quare, quoniam id . . . salutem utilius** und **namsi . . sentina rei publicae!**

T 1. Der Begriff **res publica** wird zu Beginn von § 12 in Form einer Distributio (Zerlegung eines Begriffs in seine Einzelteile) aufgegliedert. Was besagt die **res publica universa?**
2. Mit § 11 beginnt recht unvermittelt ein Dank an die Götter, der den 2. Punkt des Hauptteils (HT) (§§ 11–13 a) einleitet. Er ist ebenfalls dreigeteilt wie der 1. Punkt (§§ 6 b–10). Welche Inhalte vermittelt Cicero in den §§ 11 a, 11 b–12 a und 12 b–13 a? Welche Funktion erfüllt im Mittelteil das Adverb **nunc** (Beginn § 12)?
3. Cicero gesteht nochmals freimütig ein, daß er die Todesstrafe an Catilina „noch nicht" zu verhängen wagt. Welche Begründung gibt er dafür? Ist sie der informativen Funktionssprache (Beschreibung der politischen, institutionellen Wirklichkeit) oder der appellativen Meinungssprache (ideologisch-individuelle Deutung der politischen Wirklichkeit) zuzuweisen?
4. Vergleichen Sie jeweils das Ende der Einleitung (§ 6 a), das Ende des 1. HT-Punktes (§ 10 b) und das Ende des 2. HT-Punktes (§ 13 a): Welche veränderten Vorstellungen Ciceros in der Behandlung Catilinas sind ablesbar?
5. Wie reagiert Catilina bislang auf Ciceros Rede? Wirkt er offensiv oder in die Defensive gedrängt?
6. Welche Vorstellung verbindet ein römischer Bürger mit **exsilium?** Informieren Sie sich in RÖ 529 oder Meyer Ernst, Römischer Staat und Staatsgedanke, Zürich-München 1975, 188–189!

13 b Ü **coniuratio, onis** hier: Verschwörerhaufen – **notam in-urere** ein Brandmal aufdrücken (wie entlaufenen Sklaven ein F(ugitivus) eingebrannt wurde – **domesticus,a,um:** vom engen Bereich der Familie gebraucht, **privatus,a,um:** von der Beziehung zu Nichtfamilienmitgliedern – **turpitudo,inis** (zu turpis,e) – **fama**(tua) – **cor-ruptela,ae** (zu con-rumpere, Kor-ruption) sittliche Verderbnis – **illecebra,ae** (zu il-licere verführen) Verführungskunst, Verlockung – **ir-retire** (zu rete,is Netz) alqua re verwickeln in, umgarnen mit.

14 Ü **quid vero** vollends – **novis nuptiis:** Dativ – **vacue-facere** (zu vacu-us,a,um, vacare, Vakuum) – **cumulare** (zu cumulus,i aufgehäufte Masse; Cumuluswolken, kumulieren) aufhäufen, „krönen" – **facile** ~ libenter **silere:** hier transitiver Gebrauch, als Akk.-Objekt ergänze id (= quod als relativer Anschluß) – **ne . . aut . . aut** damit weder . . noch – **immanitas, atis** (zu im-manis,e) – **omnīs** (prädikativ zu ruinas) in vollem Umfang – **Idus,uum:** waren die Zahltage für Zinsen und Termine zur Kündigung von Krediten bei Zahlungsunfähigkeit des Schuldners – **vitia,orum** hier: lasterhafter Lebenswandel – **difficultas:** im Bezahlen nämlich – **summa res publica** ~ summa salus rei publicae.

S 1. **Quid est, quod. delectare possit; nemo est, qui te non metuat, non oderit; cui adulescentulo, quem . . irretisses:** Bestimmen Sie die Sinnrichtung dieser Relativsätze!
2. **Praetermitto ruinas . . , quas . . impendere tibi senties:** Bestimmen Sie die Art des Relativsatzes und geben Sie eine gute Übersetzungsmöglichkeit im Dt. an!

T 1. Im ersten Satz von § 13 b beginnt Cicero den 3. Punkt des HT (§§ 13 b–19 a). Welche Behauptung stellt er auf (welche Feststellung trifft er), wie lauten die Einzelschritte seines anschließenden Beweises? Warum wird Ende § 14 deutlich, daß auch der folgende § 15 noch Teil der Beweisführung sein wird?
2. Wie lauten samt Ausdrucksvarianten die lateinischen, chiastisch angeordneten Schlüsselwörter, die die §§ 13 b und 14 gliedern?
3. Stellen Sie die Vorwürfe Ciceros gegen Catilina zusammen! Welche sind konkret, welche allgemein gehalten? Durch welche rhetorischen Mittel steigert Cicero seine Anklagen (vgl. 1.2.2.2 Figuren)?
4. Mit **„aliud incredibile scelus“** bringt Cicero die von Sallust (Catil. 15.2 s. Textband, Zusatztexte 4.1.1.) als Gerücht erwähnte, von Catilina selbst vollzogene Ermordung seines Sohnes aus erster Ehe auf Verlangen seiner zweiten Frau ins Spiel. Genauso vorsichtig verfährt Cicero, wenn er von der **mors superioris uxoris,** nicht etwa von der **nex uxoris** spricht, obwohl beide Vorgänge für ihn summarisch ein **scelus** sind. Beurteilen Sie Ciceros Vorgehen und die im Wechsel zwischen deutlichen Vorwürfen und versteckten Andeutungen erzielten Wirkungen bei den Hörern!

15 Ü **pridie Kalendas Ianuarias:** ein Anschlag Catilinas auf die Konsuln Lepidus und Tullus am 31. 12. 66 gelang ebensowenig wie ein zweiter Versuch, mit einer Gruppe in der Senatssitzung vom 5. 2. 65 die Konsuln und principes zu ermorden – **com-itium,i** (zu con-ire): an das Forum angrenzender Platz für die Volksversammlung, vgl. Karte S. 25 – **manum parare** „ein Mordkommando aufbieten“ – **mens,tis** Einsicht, Besinnung – **ac** ~ sed – **illa** (scelera) – **neque . . non multa** (prädikativ zu illa) im Dt. Bejahung – **commissa:** nämlich illa scelera – **designatum** (consulem) – **quot . . tuas** wieviele von . . – **petitionem conicere** (aus der Fechtersprache) einen Stoßangriff vortragen – **declinatio, onis** (zu de-clinare, Deklination) – **et** (erklärend, explikativ) und zwar – **parva declinatione et . . corpore** mit lässiger Körperdrehung – **agere** „ausrichten“.

16 Ü **ex-torquere** (Tortur) herausdrehen – **sica,ae** Dolch (zur Ermordung Ciceros) – **quae**(sica) – **sacris** (Ablativ) **initiare ac devovere** in einen Kult einweihen und (hinab)geloben (zum Gelingen des Mordes) – **ordne:** nescio, quibus sacris ea (sica = quae) quidem . . sit, quod putas necesse esse eam . . defigere – **tua ista vita** prädikativ – **quo** (odio permotus esse) **debeo** – **misericordiā** (permotus esse videar) – **nulla:** prädikativ zu misericordia – **vocis** (meae) **contumeliam** – **taciturni-tas, atis** (zu tacere) – **sub-sellium,i** (zu sub, sedere) Sitzbank im Senat – (constituti) **fuerunt** beim PPP selten – **ferendum**(esse) **putas** – **ordne:** quo . . animo . . putas, quod . . sunt, quod . . reliquerunt.

S 1. **petit-io; declinat-io:** Welche Bedeutung hat das Suffix **-io**? Erschließen Sie aus dem zutreffenden Verbal-Stamm: **ambitio, cognitio, factio, vexatio, direptio, quaestio!**

2. **cum scias; cum telo; cum . . sis oppressus:** Klären Sie die jeweilige Wortart und Bedeutung von **cum!**
3. **facultas consulum interficiendorum:** Verwandeln Sie das Gerundivum in das Gerundium!
4. **quae tua est ista vita:** Welche Regel der Kongruenz gilt für das Genus des Interrogativ-, Demonstrativ- und Relativpronomens? Worin liegt der inhaltliche Unterschied zu **quid tua est ista vita?**
5. **non mentem aliquam . . obstitisse:** Wiederholen Sie in der Grammatik das Indefinitpronomen **aliquis**! Inwiefern ist der Gebrauch des Pronomens an dieser Stelle auffällig?
6. **consulares, qui tibi . . constituti fuerunt; quo . . animo tibi ferendum putas:** Welcher Dativ liegt jeweils in **tibi** vor?

T 1. Welcher Satz von § 14 und welche lateinischen Begriffe bilden das Gliederungsscharnier zur gedanklichen Fortsetzung der §§ 15 und 16 a?
2. Gliedern Sie den § 15! Welche Aktivitäten Catilinas faßt Cicero zusammen? Wie werden sie vereitelt? Welches Urteil seiner Amtsführung will Cicero den Hörern und der Nachwelt vermitteln (vgl. Zusatztexte, Textband S. 48–56)?
3. Welche Bedeutung für den logischen Gedankengang hat der Satz: **Nunc vero quae tua est ista vita?**
4. Wie verhalten sich die Senatoren beim Eintritt Catilinas in den Senat? Inwiefern baut Cicero diesen Vorgang geschickt in seine Gedankenführung ein, obwohl ihm bewußt ist, daß es im Senat genügend Anhänger Catilinas gibt?
5. Welche Mittel der Überzeugungskunst setzt Cicero in den §§ 15–16 ein? In welchen Sätzen wählt der Redner die informative Funktionssprache, in welchen den emotionalen Appell?

17 Ü **mehercule** beim Hercules, weiß Gott – **pacto** ~ modo – **relinquendam**(esse) **putarem** – **urbem** (relinquendam esse) **non arbitraris** – **suspectum**(esse) – **offensum**(esse) – **of-fensus,a,um** alicui einem zuwider, Anstoß erregend – **malle:** trotz gleichen Subjekts mit AcI, nicht mit Infinitiv – **agnoscere:** mit doppeltem Akkusativ – **debitus,a,um** geschuldet, verdient – **volneras** = vulneras – **ulla ratione** ~ ullo modo – **aliquo:** Ortsadverb – **ordne:** iam diu iudicat te nihil cogitare nisi . . – **parricidium,i** (zu parricida,ae) Mord an Vater oder Mutter, an Verwandten, Bürgern – **verebe-re**(= ris) – **sequē-re**(= ris) – **pertime-sc-ere** (zu timere).

18 Ü **quae** (patria) – **aliquot annis** seit . . – **vexatio,onis** (zu vexare) – **di-reptio,onis** (zu diripere) – **sociorum:** als Catilior 67 Prätor in Afrika war – **quaestio,onis** (zu quaerere; quaestra) Untersuchung vor Gericht – **e-vincere**(leges) vergewaltigen – **per-fringere** (zu frangere; Fraktion, Fraktur; Fragment) – **superiora** ~ priora – **ordne:** nunc vero non est ferendum me . . – **increpare** (intransitiv) erschallen, zu hören sein – **quicquid increpuerit** „beim geringsten Geräusch“ – **abhorrere a(b)** abweichen von, nicht in Zusammenhang stehen mit – **discede** (e patria) – **si**(timor) **est verus.**

19 a Ü **impetrare** (zu patrare) erreichen, durchsetzen, nämlich exsilium, vgl. § 13.

S 1. Bestimmen Sie folgende Ablative: **isto pacto, aspectu civium, infestis oculis, ratione ulla!**

2. Unterscheiden Sie: **aliquo, aliquot, aliquod, aliquid!**
3. **pertime-sc-ere:** Erklären Sie die Bedeutung des Suffixes **-sc**, leiten Sie folgende Verben ab und erschließen Sie ihre Bedeutung: **adolescere, coalescere, concupiscere, consenescere, reconvalescere, conticescere, ingravescere, proficisci, reminisci!**
4. Klären Sie im § 19 a folgende Konjunktive: **loquatur, debeat, possit!**

T 1. **... si me metuerent, ... putarem; tu .. non arbitraris? si viderem, ... mallem; tu ... dubitas? si te timerent ... concederes. nunc te ... odit ... cogitare; tu neque verebere nec sequere nec ... pertimesces?**

1.1 Mit welchem stilistischen Hauptmittel arbeitet Cicero?

1.2 Ergänzen Sie die Punkte des Gliederungschemas mit Hilfe des Textes so, daß Vergleichbares deutlich wird!

1.3 Achten Sie auf Modus, Tempus der Verben, auf Personen, auf deren Verhaltensweisen gegenüber Catilina, und vergleichen Sie damit den Beginn des 3. Beweispunktes des HT in § 13 b!

2. Welche Verhaltensunterschiede sieht Cicero zwischen sich und Catilina im § 17, und wen betrifft vor allem Catilinas Verhalten?
3. In welche drei Teile läßt sich § 18 zerlegen? Warum läßt Cicero die Patria als Person auftreten, und welches Ziel läßt er sie mit ihrer eindringlichen Rede an Catilina verfolgen?
4. Inwiefern erwächst der Inhalt von § 18 organisch aus § 17, der des § 17 aus § 16? Welche §§ bilden also eine gedankliche Einheit? Erstellen Sie eine Gliederung dieses 3. HT-Punktes (13 b–19 a) und zeigen Sie, daß Cicero auch hier das dreiteilige Schema Feststellung – Beweis – Schlußfolgerung verwendet!
5. Im 3. HT-Punkt hat Cicero u. a. die Auswirkungen der „vita Catilinae“ herausgestellt:

5.1 Welche Gefühle weckt Catilina in Rom?

5.2 Welche Gruppen werden davon erfaßt?

5.3 Stellen Sie die Verben zusammen, mit denen Cicero in § 10 b und 13 a und 18 Ende Catilina zum Verlassen der Stadt aufforderte. Inwiefern verschieben sich inhaltlich die Akzente? Verfolgt Cicero mit seiner Rede einen freiwilligen oder erzwungenen, gesetzlich gesicherten Abzug Catilinas aus Rom?

19 b Ü **quid**(dicis), **quod** was sagst du nun dazu, daß – **custodia**(libera) freiwilliger Hausarrest bei vornehmen Römern als Beweis scheinbarer Unschuld – **M'. Lepidus:** früherer Konsul, vgl. § 15 – **domi meae** Lokativ – **ad-servare** in Haft nehmen – **tuto** (Adverb) **esse** sich sicher fühlen – **sodalis,e** Gefährte, hier: Spießgeselle, Kumpan – **demigra**(vi)-**sti** – **videlicet** natürlich – **sagax, acis** scharf witternd – **puta**(vi)**sti** – **carcer, eris:** Staatsgefängnis (Tullianum genannt) (vgl. Karte S. 25, 28–29) – **iudica**(ve)**rit**.

20 a Ü **emori = mori:** aufgrund der angebrachten, aber nicht vollziehbaren Todesstrafe – **debitus,a,um** geschuldet, verdient, gebührend – **fuga** ~ exsilium – **solitudini-que** (= et erklärend, explikativ).

S 1. **tuto esse tecum:** Überlegen Sie, unter welchen Umständen bei esse ein Adverb stehen kann!

2. **sagax, acis:** Erschließen Sie das entsprechende Adjektiv mit gleichem Suffix zu: **capere, fallere, audere, fugere, minari, loqui, rapere.** An welchen Stamm wird das Suffix angehängt und welche Bedeutung hat es?
3. **a quo non receptus . . . ausus es:**
3.1 Wie bezeichnet man diese Partizipkonstruktion?
3.2 Lösen Sie das Partizip in der deutschen Übersetzung mit folgenden Konstruktionsmöglichkeiten auf: wörtlicher Übersetzung, Relativsatz, konjunktionalem Neben(Glied-)satz, Präpositionalgefüge, Beiordnung (Parataxe, gleichgeordneter Satz).
3.3 Wie wird bei der Wahl der Beiordnung die Sinnrichtung ausgedrückt?

T 1. Mit **quid, quod** wird den bisherigen 3 HT-Punkten mit Nachdruck ein viertes Argument hinzugefügt (§§ 19 b–21), das deutlich zweigeteilt ist. Worum geht es inhaltlich im ersten Teil (§§ 19 b–20 a)? Gliedern Sie ihn!
2. In welcher Situation muß sich ein Mensch befinden, der sich freiwillig in „Hausarrest" begibt? Welches Verhalten unterlegt Cicero Catilina, und welches der in § 1 verwendeten Schlüsselwörter (dort Substantiv, hier Verbum) wird wiederaufgenommen? Achten Sie im weiteren Verlauf der Rede auf diese Begriffe!
3. Aus welchem Grund erwähnt Cicero die drei vergeblichen Anläufe Catilinas, einen Mann senatorischen Standes für die **custodia libera** zu finden? Wie wird der vierte Mann von Cicero beschrieben und stilistisch herausgehoben?
4. Durch welche Taktik funktioniert Cicero das scheinbare Entlastungsargument Catilinas ins Gegenteil um?
5. Stellen Sie die rhetorischen Stilmittel dieses Abschnittes zusammen!

20 b Ü **referre ad senatum** offiziell vor den Senat zur Abstimmung bringen (nämlich den Antrag des exsilium Catilinas) – **ordne:** si . . decreverit sibi placere . . – **abhorrere a(b)** abweichen von, einer Sache fremd, zuwider sein – **facere:** also inoffiziell – **vox, cis** hier: Bezeichnung, Ausdruck – **ec-quid** denn etwa? – **attendere** (animum ad silentium) „spannen", merken – **pati** (den inoffiziellen Antrag) hinnehmen, sich gefallen lassen – **tacent:** es gibt also keine Aussprache im Senat – **auctoritas,atis** förmlicher Beschluß, vgl. § 3 – **voluntas . . .** -äußerung – **loquentium, tacitorum:** im Dt. Präpositionalausdrücke.

21 Ü **iam** augenblicklich – **mihi consuli:** konzessiver Sinn – **videlicet** natürlich, freilich – (quorum) **vita**(tibi) **vilissima**(est) – **circumstare senatum:** also draußen vor dem Tempel, die Sitzung war öffentlich, vgl. § 1 – **studia, orum** hier: leidenschaftliche Anteilnahme – **paulo ante:** als Catilina verspätet in den Senat kam – **ex-audire:** Präfix beachten – **contineo** ~ retinere possum – **ordne:** ut te relinquentem haec, quae . . .

S 1. **si hoc ordo placere sibi decreverit:** Stellen Sie mit Hilfe eines dt.-lat. Lexikons die lateinischen Verben für „beschließen, festsetzen" zusammen, klären Sie den genauen Bedeutungsunterschied und geben Sie die jeweilige Konstruktion für den daß-Satz an!
2. Bestimmen Sie folgende Ablative: **abhorret a meis moribus, libera metu, iure optimo, paulo ante!**
3. **auctori-tas; volun-tas:** Erklären Sie die Bedeutung des Suffixes **-tas** mit Hilfe folgender Substantive: **civitas, dignitas, facultas, honestas, humanitas, libertas, liberalitas, necessitas, nobilitas, posteritas!**
4. **cum quiescunt . . . cum patiuntur . . cum tacent:** Welches **cum** liegt vor?

T 1. **cum quiescunt, probant, cum patiuntur, decernunt, cum tacent, clamant:** Welche vier rhetorischen Stilmittel verwendet Cicero, und warum wählt er an dieser Stelle solche Häufung?
2. Informieren Sie sich über den Ablauf einer Senatssitzung in RR 19! Welche Abschnitte der Sitzung lassen sich aus **referre, sibi placere, egredere ex urbe** herauslesen?
3. **hic ordo** (senatorius): Welchen weiteren Stand gibt es in Rom? Zu welchem Stand gehört Cicero der Herkunft und seiner jetzigen Stellung nach, und was meint in diesem Zusammenhang der Begriff **homo novus** (vgl. Textband, Einführung S. 11)?
4. In den Ausführungen zu dem Satz **refer . . ad senatum** zerpflückt Cicero einen weiteren Einwand Catilinas (den zweiten Teil des 4. HT-Punktes, § 20 b):
4.1 Gliedern Sie § 20 b! Inwiefern hält sich Cicero in den Gliederungspunkten an den Ablauf einer Senatssitzung?
4.2 Wie versucht Catilina, Ciceros Taktik zu unterlaufen?
5. Machen Sie sich die Beweisführung Ciceros klar, indem Sie seine bisherigen vier argumentativen HT-Punkte (§§ 6 b–10; 11–13 a; 13 b–19 a; 19 b–21) anhand einer treffenden Überschrift zusammenstellen!
5.1 Welches Ziel verfolgt Cicero bis hierher?
5.2 Welche Hindernisse stehen im Weg?
5.3 Welches taktische Vorgehen wählt Cicero?
5.4 Ist Ciceros Redeweise bisher mehr „informativ“ oder „appellativ“ (vgl. § 4, T 5)?

22 Ü **quamquam** („HS-Konjunktion“) freilich, indessen – (num est postulandum), **ut te . . frangat – se corrigere** sich berichtigen, „korrigieren“ – **medite-re**(-ris) – **duint** (vgl. sint, velint): alte Form für dent – **tametsi** (HS-Konjunktion): bedeutungsgleich mit quamquam als HS-Konjunktion – **animum inducere** (mit Infinitiv) es über sich bringen, sich entschließen – **ordne:** video, quanta tempestas . . impendeat, si . . induxeris – **invidia,ae** hier: Anfeindung – **est tanti** (invidiam subire) es kümmert mich so viel = so wenig, es ist mir gleichgültig – **tua ista calamitas:** Subjekt – **privata:** prädikativ – **commoveare**(-ris) – **temporibus cedere** den Zeitverhältnissen Rechnung tragen – **is es, ut te** = is es, quem . . – **revoca**(ve)**rit.**

23 Ü **praedicare** öffentlich verkünden – **con-flare** (vgl. in-flare, Inflation) zusammen-blasen, erregen – **rectā**(viā): im Dt. Adverb – **pergere** hier: sich aufmachen – **im-portunus,a,um** (Gegenteil op-portunus,a,um) ungünstig (von Sachen), rücksichtslos, unverschämt (von Personen) – **ex-sultare** (zu ex, saltare) – **latrocinium,i:** im Unterschied zu einem offiziell angekündigten bellum ein „Banditen-Krieg“ – **ut:** konsekutiv.

S 1. **se-iungere, se-cernere:** Welche Bedeutung hat hier das Präfix **se(d)** –? Suchen Sie anhand des Lexikons/der Wortkunde weitere Wörter mit diesem Präfix!
2. **te ut . . frangat; ut commoveare, neque is es, ut . . revocarit; ut praedicas; ut a me non eiectus . . videaris:** Bestimmen Sie jeweils die Bedeutung von **ut!**
3. Welche Regeln der Consecutio temporum gelten in folgenden Sätzen: **tametsi video . . . impendeat; neque enim is es, ut . . . revocarit?** Welche

Regeln der Zeitenfolge gelten in folgenden indikativischen Sätzen: **vix feram . . si feceris, vix . ., si . . ieris, sustinebo?**

4. Bestimmen Sie folgende Genitive: **memoria scelerum, tanti est, rei publicae periculis, molem istius invidiae!**

T

1. **quamquam** wird als HS-Konjunktion „kor-rektiv" verwendet. Erklären Sie den Begriff! Welche Konsequenz hat die Konjunktion für den folgenden Inhalt? Welche Wirkung auf Catilina und die Hörer ist beabsichtigt?
2. Welche Negativzüge in Catilinas Charakter hämmert Cicero den Senatoren immer wieder ein?
3. Welches Bild von Catilina und seiner Staatsauffassung sollen Ende § 23 nach Cicero die Hörer gewonnen haben?
4. Welche Motive unterstellt Catilina Ciceros Ausfällen gegen sich? Grenzen Sie in diesem Zusammenhang die Begriffe **adversarius, inimicus, hostis** genau gegeneinander ab!
5. Dreimal spricht Cicero in diesem Abschnitt von **invidia.** Warum und von welcher Seite sieht sich Cicero Anfeindungen ausgesetzt? Warum könnte die auffällige Betonung des „invidia-Motives" für eine spätere Einarbeitung anläßlich der nochmaligen Überarbeitung der Rede im Jahre 60 sprechen (vgl. RÖ 139; RR 82)?
6. Mit welchen Gründen kann man in den §§ 22–23 einen weiteren, den 5. HT-Punkt sehen? Welcher typisch dreiteilige Aufbau ist zu erkennen?
7. Beweisen Sie, daß im § 23 das Ziel der Rede rhetorisch eindrucksvoll angesprochen und alternativ präzisiert ist! Wie hat sich die Zielrichtung in den §§ 10, 12, 13, 17, 18, 20 entwickelt?

24 Ü **quamquam** (vgl. § 22) freilich, indessen – **Forum Aurelium:** heute Montalto bei Volci an der Via Aurelia (Karte S. 33) – **praestolari alicui ad locum** auf jem. warten bei . . – **cui** = a quo – **pactus,a,um** (zu pangere, pepigi, pactum) festmachen, bestimmen – **dies,ei:** Femininum! – **aquila argentea:** der Silberadler einer Legionsstandarte, angeblich aus dem Cimbernkrieg des Marius – **funestus,a,um** (zu funus, eris) todbringend – **domi tuae** ~ in domo tua – **sacrarium,i** (zu sacer) heiliger Raum, Altar – **illā** (aquilā) – (num) **tu** (putas fieri posse), **ut** . . (vgl. § 22) – **altaria,ium** (zu altus,a,um) der Altar.

25 Ü **aliquando** (eo), **quo** – **ef-frenatus,a,um** (zu ex, frenum,i Zügel) zügellos – **furi-osus,a,um** (zu furor, oris, furere, Furien) – **haec res:** nämlich der freiwillige Abzug zu Manlius – **quidam** (bei Adjektiven zur Steigerung verwendet) ganz, wahrhaft, geradezu – **otium** (nisi nefarium) – **non modo** (non) – **sed ne . . quidem** nicht nur nicht, sondern nicht einmal = ganz und gar nicht, und erst recht nicht – **concupi**(vi)**sti** (con-cupi-sc-e-re, zu cupere) – **ordne:** nactus es manum improborum conflatum ex perditis atque . . . – **de-relinquere** völlig . . .

S

1. Wiederholen Sie in der Grammatik die §§ über den Konjunktiv im HS und bestimmen Sie im Text die Konjunktive des § 24!
2. Welche Relativsätze des § 24 sind verschränkt? Welche deutschen Übersetzungsmöglichkeiten für die Verschränkung bieten sich an?
3. **sacrarium constitutum fuit.** Warum ist die Verbform ungewöhnlich, aber erklärlich?
4. **pernici-osus:** Erklären Sie die Bedeutung des Suffixes anhand folgender

Adjektive: **ambiti-osus; copi-osus; fabul-osus; facti-osus; fastidi-osus; flagiti-osus; odi-osus; oti-osus; pericul-osus.**

5. Analysieren Sie nach einer geläufigen Methode die Sätze von § 24!

T 1. Auf welches Verbum des § 24 bezieht sich inhaltlich das unwiderruflich feststehende, aber zeitlich unklar gelassene (aliquando) **ibis** am Anfang von § 25?
2. Inwiefern leitet der Gedanke des letzten Satzes von § 24 inhaltlich zum § 25 über?
3. Welche altbekannten Charakterzüge Catilinas faßt Cicero nochmals zusammen, und mit welchen Stilmitteln macht er sie den zuhörenden Senatoren deutlich?
4. Welche Gründe geben Cicero die Gewißheit, daß Catilina freiwillig Rom verlassen wird?

26 Ü **hic:** nämlich bei Manlius – **quā** ~ quali – **per-fru-ē-re**(-ris) – **bacchari** (Bacchus, Beiname des Dionysos) schwelgen – **studium** hier: Wandel, Stil – **meditari ad** (mit passiver Bedeutung) ausgerichtet werden auf – **qui feruntur** ~ qui dicuntur deine sogenannten – **iacēre** und **vigilare:** erläutern als Infinitive die **labores** – **ob-sidēre stuprum** auf ein sexuelles Abenteuer lauern – **facinus obire** ~ facinus committere – **insidiari alicui rei** etwas abpassen, auf etwas lauern – **insidiantem somno:** Catilina ist als adulter, Ehebrecher, charakterisiert – **bonis** (Neutrum) **otiosorum:** Catilina als Räuber – **habes,ubi** (mit Konjunktiv) da hast du deine Gelegenheit, wo . . – **patientia** Ausdauer im Ertragen – **rebus** (Strapazen, nämlich fames, frigus, inopia), **quibus.**

27 a Ü **exsul . . . consul:** prädikativ, im Dt. ein nicht nachahmbares Wortspiel – **latrocinium potius quam bellum** vgl. § 23.

S 1. Bestimmen Sie folgende Arten von **cum: cum . . neque audies . . neque videbis; profeci tum, cum . . repputi!**
2. Bestimmen Sie folgende Genitive: **vitae studium, patientia famis!** Wie erklärt sich die Form **humi**?
3. **id, quod esset a te scelerate susceptum:** Erklären Sie den Konjunktiv!

T 1. In letzter Steigerung rundet Cicero in Fortsetzung von § 25 das Charakterbild Catilinas ab. Welche Eigenschaften stellt er hier heraus?
2. Welche rhetorischen Mittel gebraucht Cicero, und welche Wirkung auf Catilina und die Senatoren ist beabsichtigt?
3. Welche Erfolge schreibt sich Cicero als Konsul in der bisherigen Auseinandersetzung mit Catilina zu?
4. Mit den §§ 24–27 a, dem 6. HT-Punkt der Beweisführung, ist der erste Hauptteil im Sinne der **confirmatio** (vgl. **partes orationis,** Textband S. 14–15) abgeschlossen. In welche typischen 3 Teile läßt sich auch der letzte Punkt des HT gliedern? Machen Sie sich jetzt anhand Ihrer Gliederung des 1. Hauptteiles (§§ 6 b–27 a) mit den 6 Beweispunkten den Verlauf der Rede und die Argumentation Ciceros im Zusammenhang klar. Mit welcher Marschroute sucht Cicero sein Ziel, das Verschwinden Catilinas aus Rom, in Kenntnis der rechtlichen Möglichkeiten, der eigenen Entscheidungsschwierigkeit und der Gespaltenheit des Senates zu erreichen?

27 b Ü **querimonia,ae** (zu queri, querela,ae, Querelen) Klage – **de-testari** (zu testis,is) unter Zeugen ablehnen – **detestari ac deprecari** „in aller Form zurückweisen" – **penitus** (Adverb) tief, eindringlich – **etenim** also – **futurum** (esse) – **evocator, oris** Aufwiegler – **ordne:** tune patie-re(-ris)eum exire, quem . . – **vinc(u)la** – **ad mortem rapere** eilig zur Hinrichtung fortschaffen.

28 Ü **mosne maiorum . . an leges** (te impediunt) . . **an invidiam . . times** – **multa-(ve)runt** – **legem rogare** ein Gesetz beantragen – **numquam . . iura tenuerunt:** sie verloren also ihr Bürgerrecht – **posteritas, atis** Nachwelt – **gratiam referre** Dank abstatten – **per te** (ipse) **cognitum** durch eigene Leistung anerkannt, ausgewiesen – **nulla commendatione** „ohne" . . . – **commendatio,onis** (zu commendare) – **tam mature:** Cicero hatte alle Ämter „suo anno", zum frühesten Zeitpunkt, erreicht – **honores** Ehrenämter.

29 a Ü **severitatis . . . invidia** Anfeindung wegen . . . – **nequitia,ae** (nequam nichtsnutzig, nichtswürdig) Nichtsnutzigkeit, Energielosigkeit – **an . . . non existimas** oder etwa nicht (Alternativfrage mit fehlendem ersten Glied) – **ordne:** an non existimas te . . . tum conflagraturum(esse), cum . . . ardebunt – **conflagrare** in Flammen aufgehen.

S

1. Dieser Abschnitt ist durch Fragen und Eigenantworten der **Patria** geprägt. Bestimmen Sie die vorliegenden Fragesätze und achten Sie auf die Fragepartikeln!
2. **patiĕre:** Bestimmen Sie diese und folgende Verbformen: **patēre, patere, patent, paterent, paterentur, pateris, patieris, patiaris, pateas!**
3. Bestimmen Sie folgende Ablative: **vita mea carior, morte multarunt, nulla commendatione, bello vastabitur!**
4. Unterscheiden Sie mit Hilfe des Lexikons die genaue Bedeutung folgender Substantiva für Seele, Geist: **anima, animus, mens, spiritus, ratio!**
5. Worin liegt Ihrer Meinung nach der Unterschied zwischen **carcer, custodia, vincula?**
6. Analysieren Sie nach einer geläufigen Methode den Satz: **M. Tulli, quid . . . immissus in urbem esse videatur!**
7. Wie viele verschränkte Relativsätze kommen in diesen §§ vor? Lösen Sie die Verschränkung im Dt. durch Parenthese oder Präpositionalausdruck auf!

T

1. Mit welchen sprachlichen Mitteln macht Cicero am Anfang von § 27 b deutlich, daß ein völlig neuer Abschnitt der Rede erreicht ist?
2. Cicero läßt in diesem Abschnitt 27–29 a die personifizierte **Patria** eine Anklage gegen sich erheben:

2.1 Gliedern Sie die Rede der Patria!
2.2 Welche Vorwürfe erhebt die Patria gegen Cicero?
2.3 Wie entkräftet sie eventuelle Einwürfe Ciceros?
2.4 Welche Maßnahmen des Konsuls gegen Catilina erwartet die **Patria,** welche ergreift Cicero tatsächlich, und warum kann er im Falle Catilinas den Erwartungen der Patria nicht genügen?

3. **Leges de civium Romanorum supplicio rogatae:** Informieren Sie sich dazu unter dem Stichwort **„provocatio"** in RR!
4. **mos maiorum, ius, lex:** In welchem Verhältnis stehen die Inhalte dieser Substantiva zueinander?
5. **Homo per te cognitus, commendatio maiorum, honorum gradus:** Zur

Stellung eines Konsuls im allgemeinen und Ciceros im besonderen vergleichen Sie „Ämterlaufbahn" in RÖ 59–60 und „Ämterlaufbahn, Nobilität" in RR 18!

29 b Ü **sanctissimis rei publicae vocibus:** statt sanctissimae rei publicae vocibus (Enallage, vgl. S. 18) – **voces** hier: Einwände, Vorhaltungen – **optimum factu** (Supinum): Prädikatsnomen – **unius:** stark betont „auch nur einer" – **usura,ae** (zu uti) Gebrauch, „Galgenfrist" – **gladiator, oris** hier: „Messerheld", Raufbold – **summi** (rei publicae) **viri** – **clarissimi cives:** also Privatpersonen – **superiores:** zeitlich gemeint – **contamina**(ve)**runt** (zu con, tagmen, inis; tangere) sie haben sich befleckt, entehrt – **honesta**(ve)**runt** – **verendum non erat:** im Dt. Konjunktiv – **in posteritatem** ~ in posterum tempus – **re(d)-undare . . in** (zu unda,ae) zurückwogen in, sich reichlich ergießen in – **quodsi** aber selbst, wenn – **ea** (invidia).

S 1. Wiederholen Sie in der Grammatik den doppelten Akkusativ des Objektes und Prädikatsnomens und suchen Sie im Text zwei Belege!
2. Bestimmen Sie folgende Genitive: **eorum hominum . . mentibus, unius usurae horam, quid . . invidiae, parricida civium!**
3. Wiederholen Sie das Supinum und die deutschen Übersetzungsmöglichkeiten anhand Ihrer Grammatik!
4. Wiederholen Sie in der Grammatik unter „Modi in unabhängigen Sätzen, Indikativ", in welchen Fällen im Lateinischen Indikativ, im Deutschen dagegen Konjunktiv gesetzt wird!
5. Analysieren Sie nach einer geläufigen Methode die Sätze dieses Textabschnittes!

T 1. Dem Trikolon (mit Anapher und Klimax) in § 27 b **si . . patria, . . si Italia, si . . . res publica** setzt Cicero hier betont **. . ego . . respondebo. Ego si iudicarem** . . . entgegen. Welche Funktion hat folglich dieser Abschnitt?
2. Auf welche Vorwürfe der **Patria** von §§ 27 b, 28, 29 a geht Cicero ein, und wie sucht er sie zu entkräften?
3. In diesem Abschnitt schließt Cicero den Gedanken der **„invidia"** ab. Sammeln Sie alle bisherigen diesbezüglichen Stellen und überlegen Sie, warum die häufige Wiederaufnahme dieses Motives von vielen Forschern als Beweis (neben anderen) für eine Überarbeitung der Rede im Jahre 60 angesehen wird. Wie muß die damalige politische Situation Ciceros gewesen sein?
4. Ist der Inhalt der §§ 27 b – 29 der „informativen" oder der „appellativen" Redeweise zuzuordnen? Begründen Sie Ihre Meinung!

30 Ü **quamquam** (HS-Konjunktion) freilich, indessen – **in . . . ordine** (senatorio) ~ in senatu – **cor-roborare** (zu con, robur) – **auctoritate**(adducti)**multi**(cives) – **improbus,a,um:** im politischen Sinne gebraucht, Gegenbegriff zu bonus; vgl. § 1 – **regie** ~ tyrannorum modo – **ordne:** nunc intellego neminem . . fore, qui . . neminem, qui . . . si iste . . pervenerit, quo intenderit – **stultus,a,um** ~ imperitus,a,um – **paulisper** nur eine Zeitlang – **in perpetuum** (tempus) – **eodem** (modo) oder **eodem** (in Manliana castra)? – **naufragus,a,um** (zu navis, frangere) – **ad-grega**(ve)**rit** (zu grex, gregis) – **adultus,a,um** (zu adolescere) – **pestis, stirps, semen:** gemeint ist Catilina.

31 Ü **nescio, quo pacto** ich weiß nicht wie = irgendwie, seltsamerweise – **maturitas, atis** (zu maturus,a,um reif) – **in tempus . . . erupit:** im Dt. andere Kasusvorstellung – **latrocinium,i** hier: konkret ~ latro – **penitus** (Adverb) tief drinnen – **morbo gravi:** abhängig von relevari videntur – **gelidus,a,um** (zu gelu,us Eis, Frost) – **af-flictare** (Verbum intensivum zu af-fligere) niederschmettern – **relevatus:** Partizip mit konditionalem Sinn – (multo) **vehementius** – **ingravesc-ere** (zu gravis,e).

S 1. Wiederholen Sie die Relativsätze in der Grammatik und erklären Sie den Konjunktiv in folgenden Fällen: § 30: **nonnulli sunt . . . qui aut . . non videant . . aut dissimulent; intellego neminem tam stultum fore, qui non videat . . . qui non fateatur.**

2. **hoc autem uno interfecto intellego:**

2.1 Erklären Sie an diesem Teilsatz die Anwendung eines Ablativs mit Partizip (Abl. abs.). Welche Auflösungsmöglichkeiten bieten sich im Deutschen an?

2.2. Für welche der folgenden Sinnrichtungen entscheiden Sie sich bei der Auflösung mit einem konjunktionalen Neben(Glied-)satz: für temporalen, modalen konzessiven, konditionalen oder kausalen Sinn?

2.3 In einem Abl. mit Ptzp. (Abl. abs.) drückt das PPP öfter eine Vorzeitigkeit mit aktivem Charakter, bezogen auf das Subjekt des regierenden Satzes aus (kryptoaktive Konstruktion, vgl. Systemgrammatik Cursus Latinus 139 2.2.2). Beispiel: **Caesar piratis occisis iter perrexit:** C. setzte, nachdem **er** die Piraten **hatte** töten **lassen,** seine Fahrt fort. Wie lautet die analoge Übersetzung für die obige Partizipkonstruktion?

3. Analysieren Sie nach einer geläufigen Methode folgende Sätze: § 30 **Nunc intellego . . . . non fateatur.** § 31 **Ut saepe homines . . . ingravescet.**

T 1. Cicero unterscheidet im 1. Satz von § 30 zwei Gruppen von senatorischen Anhängern Catilinas:

1.1 Wie lauten die lateinischen Begriffe für die beiden Catilina-freundlichen Gruppen unter den Senatoren?

1.2 Welches politische Fehlverhalten wirft er seinen Standesgenossen vor?

1.3 Wie benennen wir heutzutage solche Menschen?

1.4 Warum ist nach Meinung Ciceros solch politisches Verhalten für jeden Staat gefährlich?

2. Zeigen Sie mit Hilfe der Einrückmethode und durch Gegenüberstellung der einzelnen Satz-Kola des letzten Satzes von § 31, welche Teile des Vergleiches aufeinander bezogen sind, und welche Aussage Cicero durch den Vergleich erhärten will!

3. Suchen Sie im § 31 diejenigen Stellen heraus, in denen Cicero eine bildlich einprägsame Diktion wählt und rhetorische Mittel wie Klimax, Alliteration, Metapher, Vergleich einsetzt. Schließen Sie auf die beabsichtigte Wirkung beim Hörer!

4. Wie lauten die Kerngedanken der §§ 29 b, 30, 31?

5. Mit welchen Mitteln sucht Cicero in § 31 die Übereinstimmung zwischen sich und den Hörern zu erreichen?

32 Ü **improbi – boni** (vgl. § 1): im politischen Sinne gebraucht – **con-gregare** (zu grex, gregis, vgl. ad-gregare § 30) – **unum in locum:** im Dt. andere Ortsvorstellung – **domi suae:** Lokativ – **tribunal,is** (Tribunal) Richterstuhl – **malleo-**

lus,i (zu malleus,i Hammer) Brandpfeil in „Hämmerchen"-Form – **polliceri** „garantieren" – **consensio,onis** (zu con, sentire) – **profectio, onis** (zu proficisci).

33 Ü **parricidium,i** hier: Mord an Mitbürgern – **qui isdem** (auspiciis) – **quibus haec urbs** (constituta est) – **Iovem constituere** Iuppiter als Schutzgott Roms einsetzen – **urbem constituere** ~ urbem condere – **Stator, oris** (zu stare) vgl. Eigennamenverzeichnis – **vivos mortuosque:** prädikativ, im Dt. Präpositionalausdruck.

S
1. Informieren Sie sich in der Grammatik über die Bedeutung des Suffixes **-ce** in **his-ce** (§ 33)!
2. Wiederholen Sie in der Grammatik die Komparativsätze! Wie lautet im Lateinischen das vergleichende **wie** bei Ausdrücken der Gleichheit und Ähnlichkeit?
3. **cum gladiis** (§ 32); **cum rei publicae salute; cum tua peste ac pernicie; cum . . exitio:** Begründen Sie, warum trotz der Abstrakta die Präposition steht!
4. **malleus,i** Hammer – **malle-olus,i** Hämmerchen: Erschließen Sie aus folgenden Wörtern die Bedeutung des an den Nominalstamm gefügten Suffixes **-olus/(c)ulus: bestiola, filiolus, formula, homunculus, navicula, particula, puerulus!**
5. Unterscheiden Sie die Bedeutung folgender Adjektive: **improbus, impius, nefarius, scelestus!**
6. Analysieren Sie nach einem geläufigen Schema die Sätze der §§ 32–33! In wie viele Perioden zerfallen beide §§ ?

T
1. **tribunal praetoris urbani:** Informieren Sie sich über Amt und Aufgabe des **praetor urbanus** und **praetor peregrinus** in Rom (RÖ 65, 526; RR 14, 41–42)!
2. Die §§ 32–33 bilden den Schluß der Rede (lat. Terminus?): Vollziehen Sie den Gedankengang beider §§ nach und nehmen Sie Stellung zu der Überlegung, ob nicht folgende Abfolge der Personen sinnvoller wäre: **improbi – Catilina – Cicero – Iuppiter!**

1–33 ZUSAMMENFASSENDE FRAGEN ZUR GESAMTREDE

Ciceros Rede über 33 §§ ist ein einziges Thema mit Variationen!

a) Welches Catilina-Bild vermittelt Cicero Hörern und Lesern? Halten Sie es für objektiv (vgl. Zusatztexte, Textband S. 47–56)?
b) Worin liegt das Dilemma des Konsuls Cicero in seinen Maßnahmen gegen Catilina, und warum bedingt dieser Sachverhalt die „Flucht" in die Rhetorik?
c) Welche Stellen der Rede zeigen deutlich, daß Cicero sowohl auf rechtliche Absicherung wie auf seinen Ruf bedacht ist?
d) Vergegenwärtigen Sie sich nochmals die Argumentation Ciceros in den 6 HT-Punkten: Erscheint Ihnen die Gedankenabfolge logisch? Wo liegt Ihrer Meinung nach der Höhepunkt der Rede?
e) Hat die Rede insgesamt überwiegend „informativen" (Funktionssprache) oder „appellativen" Charakter (Meinungssprache)?
f) Glauben Sie, daß Catilina durch Ciceros Rede wirklich so beeindruckt wurde, daß er die Stadt verließ?

2. Ciceros zweite Rede gegen Catilina vor dem Volk

1 Ü **Quirites** ~ cives Romani (s. Eigennamenverzeichnis) – **furere** (zu furor, oris) – **anhelare scelus** (inneres Objekt) Ruchlosigkeit, Bosheit ausschnauben – **molientem:** Participium „de conatu" – **minitari:** Verbum intensivum zu minari – **vel.vel . . vel** oder . . oder . . auch – **ipsum** ~ sua sponte, ultro – **verbis prosequi** „mit einem Lebewohl hinauskomplimentieren" – (nulla) **iam** mehr – **prodigium,i** hier metonymisch: Scheusal – **moenibus:** metonymisch ~ urbi – **controversia,ae** (zu contra, vertere) – **inter latera nostra** ~ inter nos – **sica,ae** Dolch, metonymisch: Meuchelmörder – **in campo** (Martio) s. Eigennamenverzeichnis – **pertime-sc-ere** (zu timere) in Furcht geraten – **impedire** hier absolut gebraucht: hinderlich sein, im Wege stehen – **occultae insidiae** Angriffe aus dem Untergrund – **latrocinium,i** Banditenkrieg.

2 Ü **Quod:** faktisch – **cruentus,a,um** (zu cruor, oris) prädikativ – **mucro, onis** ~ sica,ae (Dolch) – **extulit** (ex urbe) – **quod.egressus . . est . .** hinausgehen mußte – **incolumes, stantem:** prädikativ – **profligare** niederschlagen, niederdrücken – **abiectus,a,um** (zu ab, iacĕre) zu Boden gestreckt – **lugere** (intransitiv) traurig sein – **quae**(urbs)**quidem** ~ quae autem – **pestis,is** metonymisch: Scheusal, Unhold – **e-vomere** ausspeien – **foras:** Adverb – **pro-icere** (zu pro, iacĕre, Projekt(ion)) „vor die Tür setzen".

S

1. Bestimmen Sie folgende Ablative: **furentem audacia, ferro flammaque minitantem, loco . . motus est, nullo impediente, vivis nobis, quanto . . maerore!**
2. **Quae quidem mihi laetari videtur:** Welcher Dativ liegt in **mihi** vor? Nennen Sie eine weitere Anwendungsmöglichkeit im Dt.!
3. **cum est ex urbe expulsus; cum hoste; cum . . in.latrocinium coniecimus:** Stellen Sie fest, um welche Bedeutungen von **cum** es sich handelt!
4. **Quantomaerore esse afflictum . . putatis; urbem, quam . . ereptam esse luget:** Worin liegt die Übersetzungsschwierigkeit beider Sätze? Welche Übersetzungsmöglichkeiten bieten sich im Dt. für **putatis** und **luget** an?
5. **cum hoste nullo impediente bellum iustum geremus:**

5.1 Erklären Sie in diesem Satz die Anwendung eines Ablativs mit Partizip (Abl. abs.)!

5.2 Stellen Sie in Tabellenform die verschiedenen deutschen Auflösungsmöglichkeiten für ein **Participium cum Ablativo** (Abl. abs.) und ein **Participium coniunctum** einander gegenüber!

6. Bevorzugt Cicero in den §§ 1–2 die Beiordnung (Parataxe) oder Unterordnung (Hypotaxe)? Sehen Sie darin einen Bezug zum Inhalt?

1. Lesen Sie den Abschnitt der Einführung zur Geschichte und Theorie der Rhetorik (1.2.1, S. 14–17)!
2. Welcher Art einer Rede ist Ciceros 2. Rede gegen Catilina zuzuweisen, dem **genus deliberativum,** dem **genus iudiciale** oder dem **genus demonstrativum/laudativum?**
3. Welche Aufgabe kommt generell der Einleitung einer Rede (lat. Fachausdruck; hier §§ 1–2) zu? Welche Angaben können Sie zu Ort, Personen (Redner-Hörer), Zeit und Handlung entnehmen? In welchem Teilbereich liegt der Schwerpunkt der Ausführungen? Von welchen Personen-Antithe-

sen und Tempus-Wechseln ist die Einleitung geprägt, welche Absicht verfolgt der Redner mit dieser Darstellungsweise?

4. In welcher Form spricht der Redner von sich? Warum verzichtet er auf die Ich-Form?
5. Stellen Sie die lateinischen Schlüsselbegriffe zusammen, mit denen Catilina charakterisiert wird! Zu welcher bildkräftigen Metapher greift Cicero, um die Gefährlichkeit des Gegners herauszustellen? Schließen Sie aus der Einleitung der Rede auf das staatsgefährdende Tun Catilinas!
6. In der Einleitung erscheint nur ein Fragesatz! Bestimmen Sie die übrigen Satzarten! Weisen Sie nach, wo Cicero die Monotonie des Satzbaues durch wirksamen Einsatz folgender Stilmittel (vgl. Einführung 1.2.2.2 Figuren) durchbricht: Anapher, Alliteration, Chiasmus, Parallelismus, Pleonasmus, Hyperbaton, Asyndeton, Antiklimax, Klimax, Homoioteleuton, Tetrakolon!
7. Fassen Sie die beiden §§ der Einleitung unter je einer treffenden Überschrift zusammen!

7 Ü **si quidem** wenn tatsächlich – **sentina,ae** Auswurf, Abschaum; gemeint sind die in Rom verbliebenen Anhänger Catilinas – **uno** (prädikativ) **Catilina** (ex urbe) **ex-hausto** (Partizip mit konzessivem Sinn) – **mehercule** beim Hercules, bei Gott – **recreata** (esse) . . **videtur** – **scelus con-cipere** (zu capere) ~ scelus committere – **veneficus,i** (zu venenum, facere) – **sicarius,i** (zu sica,ae Dolch) Meuchelmörder – **subiector, oris** (zu subicere) Fälscher – **circumscriptor,oris** (zu circumscribere, hier: übervorteilen, täuschen) – **ganeo,onis** Schlemmer, Wüstling – **nepos,otis** („leichtfertiger" Enkel) Verschwender – **adulter,eri** Ehebrecher – **in-famis,e** (zu fama,ae; infam) – **stuprum,i** Unzucht, Obszönität.

8 a Ü **iam vero** und vollends – **tanta:** prädikativ – **in ullo:** das adjektivische für das substantivische Pronomen quoquam – **illecebra,ae** (zu illicere) Verlockung, Verführung – **illecebra iuventutis** die „Gabe", die Jugend zu verführen – **fructus,us** hier: Befriedigung.

S

1. **per hos-ce annos:** Informieren Sie sich in der Grammatik über die Bedeutung des Suffixes – **ce**!
2. **O fortunatam rem publicam,si . . eiecerit:** Erklären Sie den Akkusativ, bestimmen sie die Verbform und geben Sie die Regel für die Zeitenfolge im indikativischen NS an!
3. Bestimmen Sie folgende Ablative: **Aurelia via – uno Catilina exhausto – tota Italia – impellendo, adiuvando!**
4. Begründen Sie, warum im 1. Satz von § 8 **in ullo,** nicht **in aliquo** steht!
5. **quis . . veneficus, quis gladiator . .** Erklären Sie, inwiefern dieser Gebrauch des Fragepronomens auffällig ist!

T

1. Welcher **hostis** steht im Mittelpunkt der §§ 7–8 a? Warum bleiben die **comites Catilinae** auch hier präsent?
2. Stellen Sie fest, welches Charakterbild Cicero von Catilina zeichnet! Ist dieser Feind gefährlich oder nicht?
3. Zeigen Sie, mit welchen Mitteln Cicero gegen Catilina im zwischenmenschlichen Bereich vorgeht!
4. Tragen diese §§ mehr „informativen" (durch Darstellung objektiver Tatbestände auf die Vernunft des Hörers gerichteten) oder eher „appellativen"

(durch Appelle an das Gefühl der Hörer der Meinungssteuerung dienenden) Charakter? Begründen Sie Ihre Meinung unter Beachtung verwendeter Stilmittel!

8 b Ü **nemo fuit, quem** (mit Konjunktiv) es gab keinen, den . . – **oppressus:** attributiv zu nemo – **asciscere** (zu ad, scire) **ad** aufnehmen in, beiziehen zu . . .

9 Ü **dissimilis ratio** „ein völlig anderes Gebiet" – **ludus gladiatorius** Gladiatorenschule – **audacior:** attributiv zu nemo – **ad facinus audax** ein verwegener Draufgänger – **scaena,ae** (griechisch) Bühne, Theater, (Szene) – **levior et nequior** (est): attributiv zu nemo – **nequior** (Komp. zu nequam – undeklinierbar – nequissimus) nichtsnutzig – **sodalis,e** Gefährte, Duzfreund – **tamen:** zu fortis gehörig – **assuefactus frigore . .** gewöhnt an . . – **frigore** (perferendo) – **fame** (perferenda) – **siti** (perferenda) – **industria,ae** hier: Aktivität – **instrumentum,i** (Hilfs-)Mittel, Gabe.

S

1. Bestimmen Sie folgende Genitive: **numerum perditorum hominum, in angulo totius Italiae, sceleris foedus, stuprorum atque scelerum exercitatione, industriae subsidia, instrumenta virtutis!**
2. Geben Sie an, wie man den Komparativ (hier: **lenior et nequitior**) im Dt. bei fehlendem Vergleichsglied ausdrückt!
3. Bestimmen Sie den Konjunktiv in folgenden Relativsätzen: **nemo . . fuit, quem non asciverit; nemo est . ., qui . . non commemoret!**

T

1. Mit den §§ 8 b–9 wird die Charakterisierung Catilinas abgeschlossen. Inwiefern fällt die Gesamtcharakteristik (§§ 7–9) unter zeitlichen Gesichtspunkten deutlich in zwei etwa gleichlange Abschnitte?
2. Weisen Sie nach, daß diese „Würdigung" Catilinas unter dem Aspekt der Personen **(Catilina – comites)** einen kunstvollen Aufbau zeigt, in dem § 8 das Mittelstück bildet!
3. Stellen Sie fest, welches schon in § 1 verwendete Schlüsselwort für Catilinas Charakter Cicero im § 9 gleich zweimal aufgreift!
4. „Sage mir, mit wem du umgehst, und ich sage dir, wer du bist": Beschreiben Sie das Milieu, in dem Cicero die comites Catilinas ansiedelt! Überlegen Sie, welchen Eindruck die Zuhörer von der Gefahr solcher hostes gewinnen sollen! Inwiefern hängt diese Zuhörerbeeinflussung eng mit dem Rechtfertigungsargument Ciceros zusammen?
5. **ludus gladiatorius, scaena:** Informieren Sie sich über Bedeutung und Einschätzung der Schau-Spiele in Rom in RÖ 58–60, 243–248, 649–654 und RR 168–169!

10 Ü **flagitiosus,a,um** (zu flagitium,i) – **patrimonium,i** väterliches Erbe, Vermögen – **ob-ligare** verbinden, verpfänden – **res** (familiaris) **eos iam pridem** (defecit), . . – **fides,ei** hier: Kreditwürdigkeit – **eadem:** prädikativ zu permanet – **erat** „herrschte" – **ordne:** illa libido tamen permanet eadem, quae . . – **alea,ae** Würfel(spiel) – **commisatio,onis** (zu commisari herumziehen) (nächtliche) Gelage, mit Umzügen verbunden – **scortum,i** Dirne – **desperandus,a,um** einer, bei dem man die Hoffnung aufgeben muß – **hoc quis ferre possit:** mit AcI statt mit faktischem quod – **in-ers,ertis** (Gegenteil soll-ers, ertis) hier: Gegensatz zu fortis – **ebriosus,a,um** betrunken – **sobrius,a,um:** Gegensatz zu ebriosus – **complexi** (das Partizip Perfekt gibt den Zustand an) ~ complectentes – **im-pudicus,a,um** (zu pudet) – **conferti** (zu confercire, -fersi, -fertum

vollstopfen) – **serta,orum** (zu serere, serui, sertum) Kränze – **redimire** bekränzen, umwinden – **unguentum,i** (zu unguere salben, ölen) – **oblinere** (oblevi, oblitum) bestreichen – **stuprum,i** Unzucht, Obszönität – **eructare** ausrülpsen.

S 1. **flagiti-osus,a,um:** Erschließen Sie die Bedeutung des Suffixes mit Hilfe folgender Adjektive und geben Sie deren Bedeutung an: **ebriosus, furiosus, insidiosus, odiosus, otiosus, perniciosus!**
2. **eadem libido:** Wie wird im Lateinischen nach diesem Ausdruck ein vergleichendes **wie** ausgedrückt? Welche weiteren Möglichkeiten kennt das Lateinische, **wie** auszudrücken?
3. Erklären Sie den Konjunktiv: **hoc vero quis ferre possit!**
4. **qui mihi accubantes:** Bestimmen sie den Dativ und seine Funktion!
5. **complexi mulieres impudicas . . . . eructant:**
5.1 Inwiefern ist der zeitliche Aspekt des Partizips **complexi** in diesem Satz auffällig und mit den häufig gebrauchten Partizipien **arbitratus, ratus, confisus, fretus, solitus, veritus** vergleichbar?
5.2 Welche Partizipkonstruktion liegt vor, und welche Auflösungsmöglichkeiten bieten sich im Deutschen an?

T 1. Warum verweist der erste Satz von § 10 deutlich auf § 7 Anfang? Wie kann man also die eingeschobenen §§ 7–9 bezeichnen?
2. Welche Schlüsselbegriffe zur Kennzeichnung des Charakters Catilinas und seiner Anhänger aus den §§ 8–9 werden in § 10 wiederaufgenommen?
3. Stellen Sie zusammen, welche Beweggründe Catilina und seinen Anhang nach Cicero zum Putsch treiben! Geht es um Umsturz der bestehenden Ordnung oder persönliche Vorteile? Mit welchen Methoden hoffen die Verschwörer in Rom zum Erfolg zu kommen? Wie steht es also mit der Gefährlichkeit dieser Leute?
4. Im § 10 hat Cicero die abschließende „Würdigung" der hostes, soweit sie in Rom verblieben, auch formal durchgestaltet. Suchen Sie Antithesen, Alliteration, Asyndeton, Chiasmus, Hyperbata, Klimax, Negationenhäufung, Trikola mit wachsenden Gliedern heraus! (vgl. Einführung 1.2.2.2: Figuren)

11 Ü **fatum,i** hier: Verhängnis – **improbitas,atis** (zu improbus,a,um) – **nequitia,ae** (zu nequam nichtsnutzig, liederlich) – **scelus, eris:** bezeichnet hier die Gesinnung – **plane** völlig, „buchstäblich" – **meus consulatus:** auch Subjekt im HS – **sanare** (absolut gebraucht) Heilung bringen – **nescio quod tempus** ~ quoddam tempus – **propagare alicui alqd** einem etwas hinzufügen – **pertime-sc-ere alqd** vor etwas in Furcht geraten – **externa:** attributiv zu omnia – **unius**(viri): gemeint ist Pompeius (s. Eigennamenverzeichnis) – **intus** im Innern – **se ducem profiteri** sich als Führer anbieten – **quae:** Neutrum Plural – **quacumque ratione** (potero) ~ quocumque modo (potero) – **ordne:** non patiar(ea) ad perniciem . . manere, quae resecanda erunt – **proinde** (bei Aufforderung) daher – **mens, mentis** hier: Gesinnung.

S 1. **impendēre – impendĕre:** Stellen Sie weitere Verbpaare dieser Art zusammen und untersuchen Sie ihre Bedeutung in der 2. und 3. Konjugation!
2. Erklären Sie folgende Konjunktive: **nulla est natio, quam pertimescamus, nullus rex, qui . . facere possit; aut exeant aut quiescant aut . . exspectent!**

3. Analysieren Sie nach einer Ihnen geläufigen Methode folgende Sätze und stellen Sie fest, welche Periodentypen vorliegen:
3.1 **quos si meus consulatus ..... propagarit rei publicae.**
3.2 **quae sanari poterunt .... ad perniciem civitatis manere.**
3.3 **proinde aut exeant .... exspectent.**

T Mit § 11 schließt der 2. Unterpunkt und endet der 1. Abschnitt des HT (§§ 3–11).
1. Worum geht es inhaltlich im § 11, und wie ist der Gedankengang an § 10 angeschlossen?
2. Überlegen Sie, warum die Charakterisierung der comites Catilinas und speziell der in Rom verbliebenen (§§ 5 a, 6, 10, 11) größere Ausführlichkeit beansprucht als die „Würdigung" Catilinas (§§ 7–9)!
3. Beurteilen Sie zusammenfassend Ciceros Selbstdarstellung in den §§ 1–11! Halten Sie seine Rechtfertigung gegen den Vorwurf, zu nachsichtig gegen Catilina gewesen zu sein (1. Abschnitt des HT, §§ 3–11), für überzeugend?
4. Jede politische Rede will überzeugen bzw. überreden. Worin sehen Sie den Bedeutungsunterschied der beiden deutschen Verben? Welche Stellen des 1. Abschnittes (§§ 3–11) tragen Ihrer Meinung nach „informativen" (Funktionssprache, Beschreibung der politischen Wirklichkeit, Sachbezogenheit) bzw. „appellativen" (auf Emotionen abzielend, subjektive Deutung der politischen Wirklichkeit, Meinungssprache) Charakter?

17 Ü **et** (de eo hoste): erklärendes **et** „und zwar" – (cur autem) **de his, qui dissimulant** (se esse hostes) .. **nihil dicimus – non tam ... quam** nicht so sehr ... als vielmehr – **ulcisci** ~ **persequi – sibi** „zu ihrem Heil" – **placare alicui** versöhnen mit – **comparari ex ..** sich zusammensetzen aus – **singulis** (generibus) – **si quam** (medicinam afferre) **potero.**

18 Ü **esse alicuius** ~ constare ex – **magno in aere alieno:** konzessiver Sinn – **etiam:** gehört zu maiores – **possessiones** (agrorum) – **dissolvi** sich freimachen (vom Besitz und damit den Schulden) – **species,ei** der äußere Eindruck – **locuples, etis** (zu locus, plere) – **voluntas, atis** hier: fehlende Willensstärke – **causa,ae** hier: Standpunkt – **argentum,i** ...-sachen – **familia,ae** Gesinde, Sklaven – **dubitare:** mit Infinitiv – **de possessione detrahere** am Besitz Abstriche machen – **adquirere ad fidem** an Kredit gewinnen – (utrum) **bellum** (exspectas)? – **omnium** (rerum) – **sacrosanctus,a,um** unverletzlich, unangetastet – **futuras** (esse) – **an tabulas novas** (exspectas)? – **tabulae novae** neue Schuldbücher (aufgrund eines radikalen Schuldenerlasses) – **tabulae novae auctionariae** neuartige Schuldbücher (die nicht mehr aufgrund eines allgemeinen Schuldenerlasses, sondern aufgrund einer Zwangsversteigerung der „possessiones" angelegt [proferre] werden) – **qui possessiones habent** (et in magno aere alieno sunt) – **salvus,a,um:** wirtschaftlich gemeint – **quod** = id, nämlich de possessione detrahere et ad fidem adquirere – **usura,ae** (zu uti) Gebrauch, Zinsen – **certare cum usuris** mit (gegen) Zinsen ankämpfen – **praedium,i** Grundstück, Grundbesitz – **locupletioribus .. et melioribus:** prädikativ – **hos-ce** s. § 7 – (pertimescendos) **esse – vota facere** Wünsche richten, Verwünschungen schleudern.

S 1. Bestimmen Sie folgende Genitive: **ex generibus hominum, medicinam consilii atque orationis, genus est eorum, quarum amore adducti, hominum species, in vastatione omnium, fructibus praediorum!**

2. Erklären Sie folgende Konjunktive: **si ullo modo fieri possit; neque,id quare fieri non possit, .. intellego; exponam, ex quibus generibus .. comparentur; tu .. ornatus .. sis et dubites?; quod si .. facere voluissent!**
3. **maiores etiam possessiones** (§ 18): Auf welcher Vergleichsstufe begegnen folgende Verstärkungen, und wie lautet ihre Übersetzung: **etiam, longe, multo, quam, vel?**
4. Analysieren Sie nach einer Ihnen geläufigen Methode die Sätze des § 17!

T 1. Welche Sätze des § 17 weisen inhaltlich zurück, welche nach vorne?
2. Wovon wird also im 3. Abschnitt des HT (17–23) die Rede sein?
a) Welches Dispositionsschema gibt Cicero im § 17 an? Welche taktische Marschroute will Cicero gegenüber den Anhängern und Sympathisanten Catilinas einschlagen, und welches politische Ziel schwebt ihm vor?
3. Aus welchen Leuten besteht die erste Gruppe, und welche **medicina** schlägt Cicero für sie vor? Wird sie wirksam sein können?
4. Die „informative“ Funktionssprache braucht auf rhetorisch-emotionale Wirkung nicht zu verzichten. Suchen Sie in den §§ 17–18 Alliteration, Anapher, Asyndeton, Chiasmus, Dubitatio, Homoioteleuton, Polyptoton (vgl. Einführung 1.2.2.2 Figuren)!

19 Ü **quamquam** (satis) **premuntur – dominatio,onis** Herrschaft, Machtstellung – **honores** . . .-ämter – **quieta re publica** ~ quiescente re publica – **perturbata** (re publica) – **praecipiendum** (esse) **videtur – reliquis omnibus** (generibus praecipiendum est) – **ordne:** ut desperent se consequi posse id, quod . . – **primum omnium** (rerum sciant) **me ipsum vigilare – adesse** „auf Posten stehen“ – **magnos, magnas:** prädikativ – **boni** (Gegensatz improbi) die Gutgesinnten, Patrioten – **praesentis** (zu deos) höchst persönlich – **quodsi** aber selbst wenn, angenommen,. – **quae** ~ quas res – **concupiverunt** (zu con-cupi-sc-ere, = cupere) – **sperant:** phraseologisch zu übersetzen – **non vident:** ohne Fragepartikel in erregter Rede – **fugitivus,i:** substantivisch – **sit necesse** (mit passivem AcI): im Dt. Adverb mit aktivem Infinitiv.

20 Ü **adfectus,a,um** versehen, angegriffen, schwach – **succedit:** nämlich im Wechsel des Oberbefehls – **universas:** prädikativ zu quas (colonias) – **sed tamen hi** (tertium genus) – **colonus,i** Bewohner einer colonia – **sumptu-osus,a,um** (zu sumptus) – **se iactare aliqua re** angeben mit etwas – **iacta**(ve)**runt – beatus,a,um:** im materiellen Sinne ~ dives, opulentus – **praedium,i** Grundstück, Grundbesitz – **apparatus,a,um** hier: üppig – **salvus,a,um:** hier wirtschaftlich gemeint – **tenuis,e:** Gegenteil zu beatus – (rapinae) **veteres** alte . . .; . . . wie in alter Zeit – **praedator, oris** (zu praeda,ae) – **dirept-or, oris** (zu dis, rapere) – **pro-scriptio, onis** die öffentliche Ächtung (der politischen Gegner, mit der Konfiszierung ihrer Güter [bona vgl. § 21] verbunden) – **ista** ~ istas res.

S 1. Erklären Sie folgende Genitive: **rerum potiri, primum omnium, militum copias, vim sceleris, in cinere urbis, sanguine civium, colonias civium esse optimorum . . . virorum sentio, spem rapinarum, in genere praedatorum, illorum temporum dolor!**
2. Suchen Sie in den §§ 19–20 zwei verschränkte Relativsätze und lösen Sie die Verschränkung mit Hilfe eines Adverbs, Präpositionalausdrucks oder einer Parenthese auf!

3. Erklären Sie mit Hilfe der Grammatik (Stichwort „Absolutes Tempus") die Consecutio temporum im letzten Satz von § 20: **Tantus . . dolor inustus est, ut . . videantur!**

T 1. **honores:** Informieren Sie sich in RÖ 60–67, RR 11–16, welche „Ehrenämter" es in Rom gab, in welcher Reihenfolge sie bekleidet wurden, und welches Mindestalter **(suo anno)** vorgeschrieben war!
2. Klären Sie im ersten Satz von § 19 den Sinnzusammenhang von Ehrenämtern und Schulden! Welche **honores** erstrebt die 2. Gruppe?
3. Welche Merkmale kennzeichnen die 2. Gruppe? Welche **medicina** schlägt Cicero vor?
4. Suchen Sie in § 19 folgende Stilmittel und erklären Sie ihre Funktion: Anapher, Asyndeton, Homoioteleuton, Hyperbaton, Klimax, Parallelismus, Trikolon!
5. Beschreiben Sie kurz die Mitglieder der 3. Gruppe (§ 20)! Welche Merkmale erinnern an die 1. Gruppe in § 18?
6. Ein gleichbleibendes Merkmal der bisherigen drei Gruppen (§§ 18–20) waren ihre Schulden. Wie kamen sie in jeder Gruppe zustande? Sind sie symptomatisch für die inneren Zustände Roms?
7. Welches Heilmittel verordnet Cicero der 3. Gruppe? Glauben Sie an seinen Erfolg?
8. Mit welchen Mitteln der Psychologie (nicht der Rhetorik) arbeitet Cicero in den §§ 17–20?
9. Tragen Sie im § 20 alle für Sulla und seine Zeit angeführten Charakteristika zusammen. Informieren Sie sich im Eigennamenverzeichnis (Nr. 14) und in RÖ 429-432, ob Cicero objektiv berichtet!

21 Ü **turbulentus,a,um** (zu turba,ae) buntscheckig, zusammengewürfelt – **qui** ~ homines eius generis – **premuntur** (aere alieno) – **emergunt** (ex aere alieno) – **emergere** (emersi, emersum) auftauchen aus, loskommen von – **vacillare** schwanken, taumeln – **in aere alieno vacillare** „bis zum Hals in Schulden stecken" – **vadimonium,i** (zu vas, vadis Bürge) Einhaltung eines Gerichtstermins durch Stellen eines Bürgen – **iudicium,i** Prozeß – **proscriptio bonorum** (Neutrum) s. § 20 – **defatigari** ~ pauperem fieri (vadimonium bedeutet folglich negativ „Nichteinhaltung des Termins", iudicium „Verurteilung im Prozeß") – **in castra** (Manliana) – **infitia-tor, oris** (zu infitiari leugnen) Leugner (von Schulden), zahlungsunwilliger Schuldner – **quam primum** möglichst bald – **si** wenn schon; fast kausaler Sinn – **perire:** Variatio zu corruere – **turpiter:** nachdrücklich betont, weil sie Staatsfeinde sind – **ordne:** aut cur arbitrentur se cum multis minore dolore perituros (esse), quam si . . .

22 a Ü **sicarius,i** (zu sica,ae Dolch) Meuchelmörder – **denique** kurzum – **facinerosus,a,um** (zu facinus, oris) – **di-vellere** (-velli, -vulsum) losreißen – **latrocinium,i** (zu latro, onis) – **ita(!) multi.**

S 1. Erklären Sie folgende Konjunktive im § 21: **corruant; sentiant; perire velint; pereant; arbitrentur!**
2. Bestimmen Sie folgende Ablative: **inertia . . vacillant, vadimoniis defatigati, minore dolore perituros se . . arbitrentur!**
3. Analysieren Sie nach einer Ihnen geläufigen Methode die beiden letzten Sätze des § 21!

T 1. Charakterisieren Sie mit einem Substantiv die Angehörigen der 4. und 5. Gruppe! Wo sieht Cicero bei ihnen die Möglichkeit einer Gesundung?
2. Ein gleichbleibendes Merkmal der ersten drei Gruppen setzt sich auch in der 4. fort, die Schulden. Wie kommen sie hier zustande?
3. Zeigen Sie, daß der letzte Satz von § 21 die ironische Präzisierung des vorletzten Satzes **(qui homines . . sentiant)** ist!

22 b Ü **postremum genus:** nicht nur der Reihenfolge nach, sondern auch in moralischer Hinsicht – **esse de** ~ ortum (natum) esse de – **vita,ae** . . . -haltung, -einstellung – **proprius,a,um** eigentüm-lich, ganz zugehörig – **dilectus,us** (s. § 5) Einziehung von Rekruten, aber auch Hochschätzung (zu diligere) – **complexus, us** zu complecti – **sinus,us** hier: Schoß; **complexus ac sinus** lüsterne Umarmung – **pectere** (pecto, pexi, pexum) kämmen – **nitidus,a,um** glänzend (zu nitēre) – **im-berbis,e** (zu barba,ae Bart, barbatus,a,um bärtig) – **manicata et talaris tunica** Tunika mit langen Ärmeln (manicata) und bis zum Knöchel (talus,i – vgl. Talar) reichend – **velum,i** (weiter) Umhang – **amictus,us** (zu amicire umhüllen, bekleiden) – **ante-lucanus,a,um** (zu lux, lucis).

23 Ü **alea-tor, oris** (zu alea,ae Würfel) – **adulter, eri** Ehebrecher – **impudicus,a,um** (zu pudor, oris, me pudet) – **pueri** ~ pueruli – **lepidus,a,um** fein, niedlich – **delicatus,a,um** (zu de-licere anlocken) verzärtelt – **vibrare aliquid** (vibrieren, wippen) etwas schwingen, zücken – **spargere** ~ miscēre – **hoc:** statt hos in Kongruenz mit dem Prädikatsnomen seminarium – **seminarium,i** (zu serere, semen, inis) Pflanz-schule, hier peiorativ: „Giftgarten" – **Catilinae, arum** Catilinarier, catilinarisches Gesindel – **futurum** (esse) – **ordne:** scitote hoc . . futurum, etiamsi C. perierit, nisi ii (= qui) . . . pereunt – **muliercula,ae** (zu mulier, eris) – **his noctibus** (Novembribus) – **quo . . pacto** ~ quo . . modo – **pruina,ae** Frost, Kälte – **nisi** „außer" – **idcirco** (~ itaque) **. . quod – toleraturos** (esse).

S 1. **mulier-cula,ae:** Erschließen Sie die Bedeutung des Suffixes **-culus, -ulus, -olus, -ellus,a, um** mit Hilfe folgender Substantive: **adulescentulus, animula, agellus, bestiola, corpusculum, formula, gemelli, homunculus, libellus, mas-culus, navicula, particula, puella, puerulus, sacellum, tabella.**
2. Stellen Sie fest, welche Arten von Fragesätzen in § 23 vorliegen!

T In der letzten, der 6. Gruppe (§§ 22 b, 23), charakterisiert Cicero den „harten Kern" der Verschwörer und schließt damit den 3. Abschnitt des Hauptteils (§§ 17–23) ab:
1. In den vorausgehenden Gruppen hatte Cicero durch Wiederaufnahme gleicher Pronomina (**sed hosce** § 18, **quibus hoc** § 19, **quos ego** § 20, **hosce ego** § 21, **quos ego** § 22) den Einschnitt zwischen Charakterisierung und vorgeschlagener **medicina** deutlich gemacht. Wo liegt in den §§ 22 b, 23 diese Zäsur?
2. Charakterisieren Sie mit eigenen Worten diese letzte Gruppe und stellen Sie fest, welche **medicina** Cicero bei ihr anwenden will!
3. Welche Funktion innerhalb der Darstellung haben die dichtgedrängten rhetorischen Fragen Ende § 23, auf die jedesmal (bedingt durch **num, nisi**) die Antwort „nein" erwartet wird?
4. Vergleichen Sie die Anordnung der 6 Gruppen (§§ 17–23) hinsichtlich: des Umfangs – ihrer geographischen Verbreitung – ihres Alters – ihres Lebens-

wandels – ihrer Bindung an Catilina – ihrer Motive zum Mitmachen – der gegen sie in Aussicht genommenen Gegenreaktion des Staates!

5. Vervollständigen Sie die Gliederung des 3. Abschnittes (§§ 17–23)!
6. Stellen Sie innerhalb der 6 Gruppen die Stellen zusammen, die als „informativ" oder „appellativ" gelten können!
7. Welche Funktion innerhalb der Gesamtrede hat die ausführliche Darstellung des Anhangs Catilinas?

24 Ü **magno opere** = magnopere – **scortum,i** Dirne; gemeint sind die Männer der 6. Gruppe! – **cohors praetoria** Leibgarde eines Feldherrn, Elitetruppe – **praesidia, orum:** materiell, nicht personal gemeint – **saucius,a,um** verwundet – **naufragus,i** (zu navis, frangere) – **eiectam** (e mari) – **flos ac robur:** Metapher für praesidia und exercitus – **municipium,i** Landstadt – **respondere** ~ parem esse – **tumuli silvestres** (zu silva,ae): das Gebiet um Faesulae (s. Karte S. 33 und Eigennamenverzeichnis Nr. 16), wo Catilina zu Manlius stieß – **copiae . . praesidia:** durch den Vergleich mit inopia, egestas materiell, nicht personal verwendet.

25 Ü **suppeditari aliqua re** ~ abundare aliqua re – (sed quibus) **eget ille** – **aerarium,i** (zu aes, aeris) Staatskasse – **causas contendere** Ursachen zusammenspannen, die grundsätzlichen Standpunkte vergleichen – **ex eo ipso** (contendendo) – **illin-c** von jener Seite her, auf der andern Seite – **petulantia,ae** (zu petere) Leichtfertigkeit, Frivolität – **stuprum,i** Unzucht, Obszönität – **bona ratio** (rerum) richtige Beurteilung der Lage – **deficere** absolut gebraucht: nachlassen – **cogere** (mit AcI) erzwingen, daß – **ab . . . virtutibus!**

S

1. **illin-c:** Wiederholen Sie in der Grammatik die Pronominaladverbien!
2. Erklären Sie folgende Konjunktive: **cum hanc sit habiturus Catilina . . cohortem; si contendere velimus; quam valde illi iaceant; si hominum studia deficiant; nonne . . di ipsi cogant?**
3. Stellen Sie fest, ob in den §§ 24, 25 die Beiordnung (Parataxe) oder Unterordnung (Hypotaxe) überwiegt!

T

1. Mit § 24 beginnt der 4. Abschnitt des Hauptteils (§§ 24–25). Wie ist er inhaltlich mit dem 3. Abschnitt (§§ 17–23) verbunden, welche Funktion wird der Aufzählung der Gruppen nachträglich für die Gesamtrede zugewiesen?
2. Gliedern Sie § 24! Weisen Sie dabei nach, daß Cicero deduktiv (vom Allgemeinen zum Besonderen) vorgeht und die Begriffe **praesidia-exercitus** in chiastischer Anordnung abhandelt!
3. Mit welchen rhetorischen, psychologischen Mitteln und lateinischen Antithesen sucht Cicero im § 24 totale Siegeszuversicht in den Bürgern zu erwecken? Welcher dieser Begriffe (Substantiv), als Verbum wiederaufgenommen, leitet zum § 25 über?
4. Zu Beginn des § 25 gibt Cicero in Form einer Distributio (vgl. I 12) eine Zusammenfassung dessen, was „res" alles bedeuten kann: Welches Anordnungsprinzip ist in der Aufzählung erkennbar?
5. Welches Substantiv nennt das Thema des § 25? Inwiefern ist der Inhalt dieses § die notwendige Ergänzung zum vorhergehenden § 24?
6. Fassen Sie zusammen, auf welche Punkte Cicero in den §§ 24–25 seine Siegeszuversicht stützt, und geben Sie jedem der beiden §§ eine passende Überschrift!

29 Ü **quae** ~ haec omnia, nämlich die Versprechungen in § 28 – **fretus,a,um** (mit Ablativ) im Vertrauen auf – **sed**(fretus)**multis** – **significatio,onis** (zu significare) – **qui** (dei) – **hīc!** – **superatis** (a Pompeio; vgl. Eigennamenverzeichnis).

S 1. **consilium** kann aktivisch den Vorgang „Beratung, Überlegung" oder passivisch das Ergebnis „Entschluß, Plan" bezeichnen. Stellen Sie mit Hilfe des Lexikons die analogen Bedeutungen folgender Substantive fest: **abundantia, accusatio, cogitatio, quaestio, ratio!**

2. Geben Sie den genauen Bedeutungsunterschied folgender Begriffe für Götter an: **dei – immortales – numen – lares – penates!**

T 1. Mit welchen psychologischen und rhetorischen Mitteln versucht Cicero im Schluß der Rede die Angst vor dem unausweichlichen Zusammenstoß mit Catilina und seinen in Rom verbliebenen Anhängern zu nehmen?

2. Entscheiden Sie, ob der Schluß der Rede mehr „informativ" oder „appellativ" angelegt ist!

1–29 ZUSAMMENFASSENDE FRAGEN ZUR GESAMTREDE

a) Welches Bild von sich will Cicero als Mensch und Politiker und welches will er moralisch und militärisch von Catilina den Zuhörern vermitteln? Entscheiden Sie mit Hilfe der Zusatztexte (Textband S. 47–56), ob dieses Bild Objektivität beanspruchen kann oder inwieweit die Redeabsicht selbst von vornherein zu Schwarz-Weiß-Malerei zwingt!

b) Verdeutlichen Sie sich anhand Ihrer Gliederung nochmals den durchsichtigen Aufbau der Rede! Erscheint Ihnen die Argumentationsfolge, die Cicero den Bürgern vorträgt, geglückt, glauben Sie an eine hinreichende, das Volk zufriedenstellende Information des Konsuls?

c) Grillparzer (1791–1872), der größte Dramatiker Österreichs, hat in seinen Plänen und Fragmenten zu einer nicht ausgeführten Catilina-Tragödie folgendes über diese 2. Rede Ciceros gesagt: „Die zweite catilinarische Rede Ciceros ist, gegen die erste, besonders gegen die erste Hälfte derselben gehalten, beinahe schwach zu nennen, zugleich entbehrt sie des rhetorischen Schmucks in einem bei Cicero ungewöhnlichen Grade. Die Gründe, die er anführt, um die Aufrührer der verschiedenen Klassen von ihrem Vorhaben abzuhalten, entbehren alles Schlagenden. Man muß annehmen, daß die Stadt über die Abreise des Catilina, als das Zeichen zum Bürgerkriege, sehr erschreckt war, und daß die vorliegende Rede, am folgenden Morgen nach jenem Ereignis gehalten, gerade bestimmt war, den gespannten Zustand des Volkes herabzustimmen, daß sie keine Begeisterung erregen sollte, sondern die Gemüter in das gewöhnliche Geleise zurückbringen. Dies erklärt die, ich möchte sagen: prosaische Haltung derselben. Nichtsdestoweniger scheint sie mir auch aus diesem Gesichtspunkte nicht unter die besten zu gehören" (Grillparzer, Dramen, Bd. I, Berlin-Darmstadt-Wien, 1154–1155). Nehmen Sie zu dieser Meinung aus Ihrer Kenntnis der Rede Stellung!

3. Zusatztexte zur Bedeutung und Beurteilung Ciceros, Catilinas und der catilinarischen Verschwörung

4.1 Antike Quellen

4.1.1 *C. Sallustius Crispus (Geschichtsschreiber, 86–34 v. Chr.), Catil. 5–16 im Auszug*

Ü 5 **pravus,a,um** schlecht, mißraten – **intestinus,a,um** im Innern – **in-edia,ae** (zu edere, edo, edi, esum: essen) Hunger – **algor, oris** das Frieren – **supra quam** mehr als – **varius,a,um** hier: schillernd, wankelmütig – **cuius rei lubet = cuiuslibet rei** jeder beliebigen Sache – **simulator ac dissimulator** ein Meister in der Verstellung – **profusus,a,um** (mit Genitiv) verschwenderisch mit – **sapientia** hier: Einsicht in das Gute – **post** (zeitlich) seit – **dum = dummodo – neque quicquam pensi** (pensus,a,um gewichtig) **habere** und kein Gewicht, keinen Wert darauf legen – **regnum! – quae utraque** (Akk. Pl. Neutrum): gemeint sind inopia, conscientia – **artibus** ~ moribus – **incitabant** (eum) – **quos:** auf civitatis zu beziehen (Constructio ad sensum).

14 **flagitiorum atque facinorum circum se tamquam stipatorum catervas habebat** „er hielt um sich einen Haufen Schandbuben und Bösewichter wie einen Gefolgsstaat" – **im-pudicus,a,um** sittlich verkommen – **adulter,eri** Ehebrecher – **ganeo, onis** Wüstling – **manus,us** hier: das Würfeln – **venter,tris** hier: Freßgier – **penis,is** hier: Unzucht – **aes alienum conflare** Schulden machen – **quo** = ut eo – **redimere** loskaufen – **sacrilegus,i** (zu sacrilegium,i) – **convincere** überführen – **ad hoc** (ii), **quos . . – per-iurium,i** Meineid – **conscius animus** ein schlechtes Gewissen – **exagitare** nicht ruhen lassen.

15 **nefandum stuprum** schändliche Unzucht – **ea:** gemeint ist Orestilla – **dubitare:** mit Infinitiv – **privignus,i** Stiefsohn – **adulta aetate** in erwachsenem Alter – **pro certo creditur** es gilt als ausgemacht – **vacuam:** prädikativ – **im-purus,a,um** unrein, schmutzig – **conscientia,ae** hier: schlechtes Gewissen – **excitus,a,um** (PPP zu ex-ciēre aufscheuchen, aufjagen) – **colos** = color – **citus,a,um:** Adjektiv zu cito – **incessus,us** Gang(art) – **prorsus** (zu pro-versus vorwärts gewandt) geradewegs, völlig, hier: mit einem Wort – **voltus =** vultus – **ve-cordia,ae** (ve – gibt das Abweichen vom Richtigen an) Wahnsinn.

16 **largius suo** (Abl.) **uti** allzu verschwenderisch mit dem Besitz umgehen – **usi:** gibt hier Gleichzeitigkeit an – **rapinarum** (veterum) – **ipsi** (Catilinae) . . **spes**(erat) – **nihil sane intentus**(erat) überhaupt nicht schlagfertig.

T 1. In den K 5 und 15 zeichnet Sallust mit wenigen Strichen ein eindrucksvolles Porträt Catilinas:

1.1 Wie hat man sich Catilinas Äußeres vorzustellen (K 15)?

1.2 Welche Gegensätze prägen nach Sallust den Charakter Catilinas (K 5)?

1.3 Welchen Zweck verfolgt die Erweiterung des Catilinabildes im K 15? Vergleichen Sie mit den Feststellungen Sallusts die Aussagen Ciceros in der ersten Rede, § 14: Wie steht es um den Wahrheitsgehalt der Vorgänge um Catilinas zweite Frau und den Mord am Sohn?

2. Vergleichen Sie mit dem Charakterbild Catilinas bei Sallust (K 5, 14, 15, 16) die diesbezüglichen Aussagen Ciceros in den beiden Reden: Wer wird dem „wirklichen" Catilina gerechter? Begründen Sie Ihre Meinung!
3. Inwiefern begünstigten die innen- und außenpolitische Lage Catilinas Putschversuch (K 5, 14–16)? Ist die spezielle Lage Roms damals auch heute als „Nährboden" für eine Revolution denkbar?
4. Welche persönlichen Motive zwingen nach Sallust (K 5, 15, 16) Catilina geradezu zu terroristischem Handeln? Sucht auch Cicero in seinen beiden Reden die Beweggründe Catilinas aufzuspüren?
5. Im K 14 stellt Sallust in einer längeren Periode den in fünf Gruppen eingeteilten Anhang Catilinas vor: Vergleichen Sie damit die entsprechende Einteilung Ciceros in seiner zweiten Rede, §§ 17–23: Wer wirkt überzeugender, mitreißender? Begründen sie ihre Meinung inhaltlich und formal!
6. Welche Stellen bei Sallust beweisen, daß er das Geschehen um Catilina in einen größeren Zusammenhang einordnet als der „Tagespolitiker" Cicero? Inwiefern darf man in der stofflichen Gestaltung des Catilina-Putsches bei dem Historiker Sallust eine andere Akzentuierung erwarten als bei einem Redner und Politiker wie Cicero?

Zu den Zusatztexten 4.1.2–4.1.5

T 1. Wie bewerten Livius, Paterculus, Plutarch und Appian das Vorgehen des Politikers Cicero gegen Catilina und die Verschwörung?
2. Wie reagiert Rom, wie Cicero selbst nach dem Zusammenbruch der Verschwörung?

4.2 Sekundärliteratur

4.2.1 *Mommsen Theodor (1817–1903, erhielt für seine „Römische Geschichte" als erster Deutscher den Nobelpreis für Literatur), Römische Geschichte, Gütersloh o. J.*

T 1. Steht Mommens Catilina-Charakteristik Sallust oder Cicero näher? Begründen Sie Ihre Meinung (vgl. 4.1.1 Frage T 2.)!
2. Zu welchem Urteil über den Menschen und Politiker Cicero kommt Mommsen? Glauben Sie, daß das politische Umfeld des Jahres 63 v. Chr., wie es Mommsen beschreibt, die menschliche Reaktion Ciceros nach dem Zusammenbruch der Verschwörung (vgl. 4.1.1 Plutarchtext und Frage T 2. zu den Zusatztexten 4.1.2–4.1.5) verständlich macht?

4.2.2 *Vogt Joseph, Althistoriker. Die römische Republik, Freiburg-München 1979*

T Vogt zieht zwei Schlüsse aus seiner knappen Darstellung der catilinarischen Verschwörung:
a) Die Verschwörung hat „durch die Persönlichkeit Ciceros eine geschichtliche Berühmtheit erlangt, die sie nicht verdient".
b) Cicero hat „durch einen großartigen Bluff (erste catilinarische Rede)" Catilina aus Rom vertrieben.
Stimmen Sie dem aus Ihrer Kenntnis der Cicero-Rede(n) und des Sallusttextes (4.1.1. Zusatztexte) zu?

4.2.3 *Seel Otto, Latinist. Cicero Wort · Staat · Welt, Stuttgart ³1967*

T 1. Mit welchen Überlegungen entkräftet Seel die immer wieder gegen Cicero erhobenen Vorwürfe, 1. er habe die teilweise berechtigten gesellschaftlich-ökonomischen Neuansätze der Verschwörer nicht sehen wollen, 2. er sei in den gehaltenen Reden gegen Catilina durch reine Schwarzweißmalerei dessen Persönlichkeit überhaupt nicht gerecht geworden, und deutet diese Vorwürfe umgekehrt als notwendige Folge einer prinzipientreuen politischen Haltung?

2. Vergleichen Sie mit der Beurteilung Ciceros bei Seel die Verurteilung Ciceros bei Mommsen: Worin liegt der unterschiedliche Beurteilungsansatz?

4.2.4 *Meier Christian, Althistoriker. Ciceros Consulat. In: Cicero ein Mensch seiner Zeit, hrsg. von Radke Gerhard, Berlin 1968*

T 1. Definieren Sie mit Hilfe eines Konversationslexikons den Begriff „Revolution". Erstrebte Catilina eine „Revolution"? Vergleichen Sie die Antworten bei: Mommsen (4.2.1) – Vogt (4.2.2) – Meier (4.2.4) – Zierer (4.2.5) Welcher Meinung sind Sie selbst?

2. Stimmt die Aussage Meiers, Cicero habe „für Catilina offensichtlich gar kein Verständnis" gehabt? Ziehen Sie für eine Beantwortung den Textausschnitt von Seel (4.2.3) zu Rate.

4.2.5 *Zierer Otto, Schriftsteller, Bild der Jahrhunderte, 7. Bd. Murnau-München-Innsbruck-Basel ⁹1959*

T 1. Wodurch unterscheidet sich dieser Text von den bisherigen Zusatztexten?

2. Wie hoch veranschlagen Sie den Quellenwert dieses Textes? Begründen Sie Ihre Meinung?

3. Welcher Cicero-Auffassung der Zusatztexte 4.2.1–4.2.4 kommt das Cicero-Bild Zierers nahe?

4. Wie beurteilen S i e aufgrund der Catilinarischen Rede(n) und der Zusatztexte den Politiker und Menschen Cicero?

5. Welche allgemeinen Einsichten in Politik, Moral und Gesellschaft vermittelt die catilinarische Verschwörung über den engen historischen und zeitlichen Bezugsrahmen hinaus?